嵩山雪月

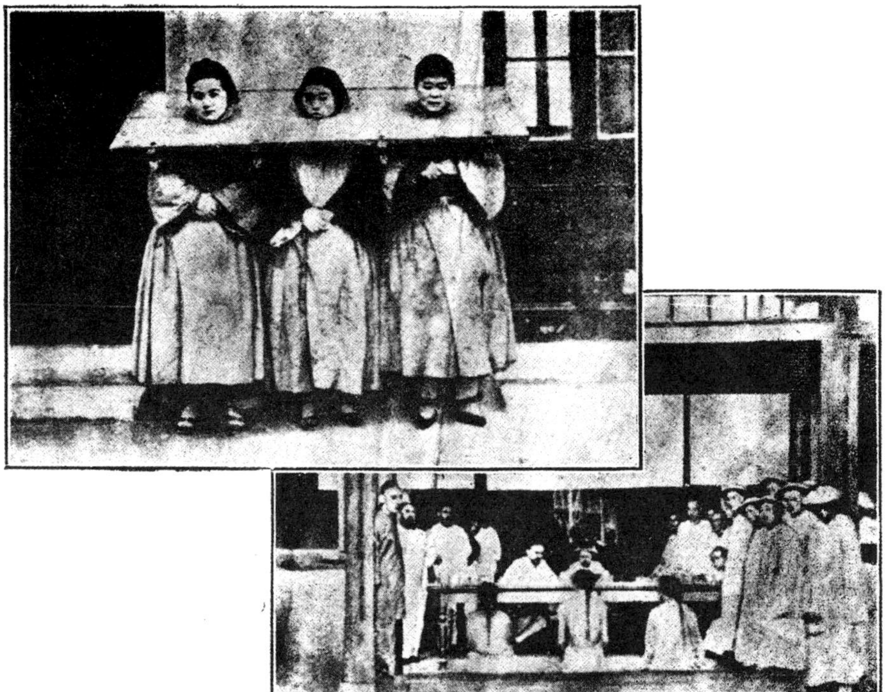

中國刑訊之肖像

中國變法之回顧

明民

乃者邦士大夫鑒于國家之喪亂冀扶衰起弊使四千年炎黃遺胄不下儕于波蘭猶太之林乃奔走呼號期與海內共謀改革延遞今玆亦旣無間於人人之口耳矣然愛智之倫默觀深念苟稍役心力以研求其已陳之蹟而推索其將來殆無不慭焉閔嘆者語曰前事不忘後事之師蓋社會情狀綜詭萬端然迨其萌芽幾無一不密關于政治治國聞者儻爲之排比連次探信例于麗牘之中則社會政治之樞胥可持是以燭之無隱故執今之表顯者以上溯其本始則將來結果之良窳亦可比而知也夫中國之譚變法垂數十年矣曠日彌久寸効不呈之越北轅相差絕遠若細繹其蛻化遷流之蹟似可區爲三段而言即自咸同以來迄于甲午爲變法第一

時期甲午以後爲第二時期甲辰乙巳下逮今玆爲第三時期質而言之則一期所變僅及器物再變則及教育三變始及政治若張皇其皮相似有再接再厲之觀而按索其精神實有日遠日非之概竊嘗深求其故而得二大原因**即一爲咎在政府者一爲咎在國民者**今不辭緐碎用將研究所得貢于下方俾愛國者流共鑒然于振國厲民之鵠而兢兢于來軫是則區々之微意也

所謂咎在政府者何則以其對於國民懷極端之猜忌也惟其猜忌故護專制而嫉自由而變法遂歸於無効

蓋吾國曩處閉關之世巋然立於亞東孕育豐閎秉有特殊之文采且前臨灝瀚之海洋背負阻修之大陸舟車重滯四國不通其有環我而居亦靡不浴吾之文化斯時既無國際對待之情狀吾民即無由發生國家主義之思潮故誤認國家爲天下甚於羅馬之民斯誠時地風習流衍使然無足深怪者故論吾國國民之特質乃兢平和而惡競爭非國家的而乃世界的也以此原因故於邦國之廢興亦漠焉不加

忻慮此非特對於同國之人然也雖至異族之君入主中夏若彼歐美之民所引爲深感重疚刻不能去諸懷者吾民則恬然安之而不怪斯寧非歷史上之異例耶雖然吾國固屢爲覆亡之國吾民亦屢爲屈辱之民然四千年文化所遺如禮法風謠斷不至日即于蠻夷而沉淪于左衽雖以宇內至極頑蒙之族及其與吾濡染亦終必同化于吾人即上蒞以頴智之君部勒其族衆冀固保其羶風俾勿染吾華俗然積漸薰陶其獷武之風終必日趨于擢落猶之投樽酒於洪池雖欲其不合化同流亦胡可得此鑒于歷史前事之同然而迄今尤爲章明昭著者也本朝奄有中夏既已二百餘年其猜忌吾民之心無所不至入關之始即分遣八旗猛士駐守四方以防制吾人之反側其有草澤遺民抱亡國之戚或蜷屈于老屋荒江發憤著書冀稍舒其禾黍故宮之感然風聲未樹刑戮已加甚者發冢戮尸株親赤族乾隆一代大獄迭興海內皇皇手足無措又復陰銷士氣陽厲儒林使天下咸震慴于專制之淫威無復敢卬首申眉向宮廷而正視者雖積至今玆而威權不曾稍殺數載以來報館之被封與以文章而見戮辱者亦曷可勝道名爲革新實則反是其猜忌之心固

二百餘年如一日吾人苟稍治當代掌故而尋攷其由然猶不禁胸有餘哀而股有餘栗也嗚呼時局至今吾人豈忍過爲意氣之言以挑起同胞間之惡感哉無如欲論列當今之得失不得不推勘其利弊之原而歷史所陳實亦無術爲之覆沒雖有僉人欲逞一己之私衷巧爲辨護而事實具在昭若秋陽其景曜不至爲高天孤雲之所匿也亦自然之數耳且政府之猜忌吾人也以一種族征服一種族之大例推之彼亦出于事勢之不容已何則以吾國衆民廣土文化復高而以之處于被征服之地位彼則岸然臨于吾上而自處于征服者之地位冠履倒置實爲兀臲難安今英人之于印度日本之于高麗程度相違强弱亦異然彼三韓身毒之民猶且怵志劌心日謀恢復國權之方策矧吾國今之主權者其與吾衣裳冠帶之倫賢不肖相差絕遠其對于吾人之政策顧肯稍涉于放任耶惟是天演公例優者生存今萃滿漢二族而校其智力德材瞭然如黑白之可判顧乃上下易位成敗相反若斯然後知近人謂爲軼出天演之恒軌之言之非虛語也昔雍正之季曾有上諭禁滿人學習八股謂是不過籠絡漢人之具又某親王曰我國練兵不過爲防家賊計耳而剛

殺之徒復倡爲漢强滿亡滿肥漢疲之口訣政策相傳由來已遠以此可知吾所謂政府之猜忌吾人二百餘年如一日者決非周內鍛練之詞也以此原因故政府之于吾民不欲其智而欲其愚不欲其明而欲其闇不欲其强而欲其弱不欲其剛而欲其柔然後彼可高臥九重偃然肆于吾民之上而坐收指揮奠定之功脫使吾國能長此終古絕客閉關亦未始不可永享昇平維持專制有道之基于不替無如天時反覆海水揚波而奇局大開彼碧眼黃髮之儔乃得挾其鐵砲輪船越七萬里波濤而蒞止歐風猛扇海禁亦開朝野臣民乃驚愕不知所措始猶欲挾其足已自封之智以淩彼朝華方作之民至儕之於夷狄洎乎一再創衂而一部分較爲明通之士始稍爲世勢所推移乃降志下心略與研求所謂洋務者而變法之機遂權輿於此矣然略事皮毛得之太淺以爲歐人之强盛僅存於利礮堅船今欲戰勝强鄰不可不師其長技故當時攷求時務之士均以此事爲要圖于是於咸豐十年遂有令曾國藩等購辦外洋船礮之旨然朝廷此舉本非欲固邊防實欲以防內亂試一披恭親王當時之奏牘其原因即可瞭然矣原奏略謂「粵亂蔓延七八省滋擾十數

年。推原其故。由于道光間沿海不靖。其時遺散之潮勇。從逆之漢奸。窺見國家兵力不足。遂句結煽惑。乘間抵隙。一發而不可驟制。（中略）臣等期于拔本塞源。是以上年曾奏請飭下曾國藩等購買外洋船礮。（中略）巴夏禮自長江來。謂船礮不甚堅利。恐難滅賊。（中略）自不如用火輪船勦辦。更爲得力云云。」由此觀之。其嚴防家賊之心。昭然可見。當時章奏具在。至可推勘也。嗣後以船礮之原。出於機械。用力少而成功多。與其購自重洋。不若自行製造。經費既省。新舊亦殊。於是于同治三年。乃有遺容純甫出洋採辦各種汽機之舉。而斯時上海製造局等已寖寖開設。而福建船政局亦于同治五年建立矣。當此之時。朝士大夫。胥棲心于唐虞三代之故。高語昔聖先王。鄙夷洋務。爲不屑道。士子方耽溺于科名帖括。大夢沉沉。蟄伏鄉井。不識有所謂地球各國者。其尙焉者。亦不過僅悉英法花旗諸國之名。又復爲金石詞章所汨。或不肯役心于當代得失之故。至迂腐之儒。老死不出里閈。耳口心思。膠固不周。于事遽見新奇之器。必加以「洋」字之冠詞。如洋火。洋報。洋油。洋布之屬。尤不可以更僕數。甚則諱洋字而不談。斥洋器而不用。以爲奇技淫巧。害俗傷民。聖人之徒所宜痛絕其有譚言新異衣服離奇則羣起大譁必目之爲名敎之罪人而詈之中中俾不見容於里鄗故當時之士于中外世勢遷流之蹟有眞知灼見者不過數人然上旣迫于專制君主之淫威下復爲舉國士林所譏笑亦僅識藏身自固决不敢直情逕起以與社會之羅綱相衝故沈文肅于旣成之滬淞鐵路復以巨貲購回而折之至將其鐵軌百材沉之于海曰勿使後人謂中國鐵道之興權輿於沈某怪哉此言殆可將當時明悉時局諸公之心合盤托出也至若郭氏筠仙號爲雅通時變其議論識見似卓絕乎庸流然以是大不容于湘人囂張之徒至欲殺之以爲快以此之故是以當時所變僅及於器械之微抑以法令綦嚴立朝束帶之徒概皆蒙老子以儒術之皮以愼言寡過爲歸不敢多有所建白如曾文正者即其中藏身最固之一人也以彼當時廓定東南邦如再造非不察國家之積弊非不知時局之艱難非不探學術之源流非不悉民生之憔悴乃束身自好不發一言彼生平謂最惡鄉愿不知適自蹈之殊可大爲悼嘆者也

夫是時反對洋務最力者莫倭仁若當丁卯三月設同文館于京師擬招集士子學

習算術方言。廷臣疏諫紛紜，摺皆留中不發。御史張盛藻並請毋庸招集正途，旋遭諭駁。大學士倭仁因抗疏力爭，略謂「立國之道，尙禮義不尙權謀。根本之圖，在人心不在技藝。今求之一藝之末，而又奉夷人爲師。無論夷人詭譎，未必傳其精巧，即使教者誠教，學者誠學，所成就者，不過術數之士。古今來未聞有恃術數而能起衰弱者也。且夷人吾仇也。今復舉聰明雋秀國家所培養而儲以有用者，變而從夷，正氣爲之不伸，邪氣因而彌熾。數年以後，不盡驅中國之衆咸歸于夷不止。今令正途學習，未必能精，而讀書人已爲所染。恐適墮其術中云云。」夫倭氏固當時之理學名臣，雅負時望，且于政治界中占極高之位置，裒然爲儒臣之領袖，登高一嘯，竺舊之士，四應于朝。革新萌芽，卒爲所沮。嗚呼，千尋之坊，潰于一蟻。陵夷至今，國是不定，溯厥本原，文端固不能辭其咎也。

以此諸因，嘗故當日謀國之臣，目光所照，心力所營，僅及于質學之一部，命其名曰格致。雖間立一二學校，亦僅從事于文字語言，未有肆及哲理律法之故者。輒曰「形上者道，形下者器。道者吾所固有，器可取法泰西。道爲體而器爲用，器爲末而道爲根此等口禪幾乎千人一律此在風氣初開夫亦何怪特恨當事諸公並此所主張者亦不能貫徹其目的虛縻歲月牝擲黃金迄今數十餘年而不睹絲毫之効益良可惘也

今夫物質科學者爲十九世紀世界文明進步之源泉歐米諸洲興國立民之根極俄以此而拓疆萬里英以此而殖富五洲德以此而勃建新邦法以此而復恢祖國豐功卓効既昭著于民生雖日率大地羣黎禱祝謳歌尤恐不能竟其偉績吾乃于當日政府諸公之講求格致機器也而極端不表同情焉抑獨何哉誠以其專講形式上之美觀而不求其精神于實際也嗚呼江南之橘遷地弗良葉公之龍非心眞好有同一器物同一學術 **外人執之馴可致於富强中國傚之適足促其貧弱** 何則誠以 **彼爲發於建立家國之肫誠我則藉以敷衍人民之耳目宗趣不同而根本之道異也** 不然何以自同光之間所謂製造局船政局格致書院水師學堂者已相繼而

立至今未聞中國有一工程師博物家海軍人材等出乎其際耶夫以中國人民之聰智豈眞學不如人毋亦政府辦法不良不于根本之端加之意惟略求形式以飾觀瞻故各局廠設立以來未能發明一礮未能新製一船推厥病根厥有多故然實以官辦爲之總因夫廠歸官辦則一切程式多屬虛文工料貲金均有成例即有自出思理發見新機而所需試驗器械經濟必多且彼所謂監督總辦者毫無學術只圖自己之身家不顧國家之苦樂即有發明新器彼亦無利可圖故亦不爲之提倡夫國家既無鼓舞人才之法學者復無堅忍之功乃欲收効果于前途是無異求魚而緣木也且吾國豈眞無一物質學者哉特有之而政府不能用耳如米國某大工廠尚聘有吾國人爲總工程師者今春英國某雜誌所載有吾國廣東某君曾發明空中飛艇者以吾所聞尚不止此特政府至今並不欲識其名即知其人亦不能盡其用耳此可爲之太息痛恨者也嗚呼吾人試一思之其故果安在哉其故果安在哉

未完

對於要求開設國會者之感喟（續第四號）

鴻飛

次章　要求之性質（攻妄）

凡論一事。先言目的。次言手段。茲於國會之目的未言。而先言要求之手段。無乃不倫。惟此篇乃專爲『中國新報』而發。彼於國會已未求其實質。徒鶩其抽象之空名。是已無目的之可言。且其居心亦不過藉要求國會之名。與政府相接納。政治之改革。固非其所問。其成功也。敷衍一無人格之國會。以增長政府之惡劣。其不成功也。而已巳厠入於政府中爲大員矣。蓋初心即爲要求利祿而來。是目的已在其要求中。故完全之國會。原非彼等所重。惟要求之手段。乃其最重之方法。然至於現在。彼已列身政府。是要求之目的已達。而要求之手段。亦無可言。蓋要求者必在下。或國會既開之後。而議會對於行政部。亦可謂之要求。今彼居然執行政事務矣。則開設之權。操之在彼。而要求之手段。亦無可對之相手方。則是最宜注意者。惟在國會性質問題而已。然前者已往。固可謂已告成功而後者方來尚未完全得意國家之事究不知伊何底極竊不憚煩畧進忠告焉惟本篇最重之點則在國會之性質一節（聞現在有六年後開設國會之說確否尚未足信然吾固信其必能急速開設者特國會之內容吾亦急欲與我同胞共商籌耳）竢於次號詳細說明其於本章不過畧述以爲立論之程級若謂對於該報之主張要求者則現已無研究之價値何也彼固現已不須用要求也故此章言要求之性質蓋從其畧至其詳者亦非數萬言所能罄也。

著者附識

今者要求之名詞幾成一社會上對於政府之口頭禪矣然問渠持何者以爲要求則彼瞠然不能答更問其何故嘵嘵不憚其繁若是彼固無詞以解然吾亦不希望其得甚解也蓋此輩之出言不過無意識之盲從亦非有何理由橫亘於胸頭焉至其上者乃知言排革者之無利於我姑籍此以爲和平營謀利祿之方法不知要求之字義實即唱排革者之轉詞固非有二種之意義即觀於表面上之大意當亦自知之亦不必言法理言事實而更規律夫論理爲也然彼輩亦非不知此以爲持乞求之名義旣爲對於政府之卑鄙齷齪行爲且衆人之指摘於己身亦難容於社會

故不妨借一能符公理之名詞以爲假託而其實際則仍以乞求爲應用盖明知乞求爲無謂之行爲而又不敢暴露其形狀乃籍此要求二字以張大其詞其用心亦可謂巧之甚矣然考其發難之始則由『新民叢報之要求立憲說』其立義之謬妄。已爲某報所駁斥其說之不能自完凡知事理者皆自知之則後此之謬言要求者。當亦聞之而息喙矣乃不謂中國新報復勦襲之以鳴異變立憲之名爲國會之名。而要求之名詞仍沿用而不易惟新民叢報不肯自認爲乞求而中國新報則直認之而不諱觀於該報所言『凡要求者必有武力否則謂之乞求是說也自民主立憲黨發之予信爲至言不可移易之定理。（中國新報四號十四頁七行）準是而言是已確認要求爲排革之行爲然民黨之積極的手段彼又不敢用其術自行其乞求之實而沿用要求之名。其心性之卑下已不知其自居何等也今且不論其名之是否第究其所主張之方法而攻辨之使天下之人知大勢之所在則公理出虛僞見而要求之名詞。後此或不若今日之濫用則匪徒文字之幸抑亦吾平民之福也。

今欲說要求之性質須先備三種之條件。

(一)爲**要求之目的物**。　蓋此目的物。須碻能符吾平民之希望。若其目的無一定。得一空名爲已足。則亦無須用其要求。

(二)爲**要求者之實力**。　蓋要求非以和平爲授受。乃以我之實力有挾而求。使彼迫於勢之無可如何。不敢不應我之需要。然後要求方能成功。

(三)爲**被要求者之地位**。　蓋必先審相手方之情勢能否致勝於我。若其勢力浩大。非吾力所能抵禦。則亦不能言要求。

如上三者。須完全無缺。方爲要求。若有一不具。即不足以言要求。乃觀中國新報之言要求於此三條件。直可謂一無所有。即如第一條件要求之目的。而該報所言開設國會。然察其所欲開何種之國會。彼亦未嘗明言。惟僅究國會之名目而號呼之。是不過欲得國會之空名。而內容原非其所問。似此要求。亦可謂全無目的矣。既無目的。則即不必言要求。然此尤有辨者。我言彼徒欲得虛僞之國會。彼言欲得完全之國會。文章變化。游移無歸。故於此問題。自非數言所能盡。俟於下期國會之性質中。一々證明。茲姑弗論。則此章所研究者。爲第二第三之條件。觀彼報所主張者。有輿論的武力的政黨的吾得強列於第二條件中至其對於君主對於政府之言吾更可強列之於被要求者之地位中雖有未當之處然於該報要求之議論似亦淨盡而無遺茲下則依類徵引痛斥擊之

關於要求者之實力該報約分三種曰輿論曰武力曰政黨然其惟一之方法僅持輿論爲成功而武力政黨皆彼所謂附加之二物亦無關乎輕重者故茲先言輿論而武力政黨附諸後焉（該報單詞隻句無在非謬妄者茲惟取其最重要之點而駁斥之無關鴻旨者概付諸不議之列）

(甲)輿論的要求　該報有云『若夫吾黨則不然不恃國際法（此指某報要求世界贊成中國之革新事業而言吾亦無代辨之義務惟某報非恃國際法乃予所敢斷言者茲以無關本論故略之）而恃輿論但使舉國之議論不爲人民程度說所惑而一致主張進行之將見無幾何時而開國會之聲呼譟於全國彼時政府雖欲抗之而無如何不得不降於國民之下故輿論即武力也（中國新報第四號二十頁二行）如此類言不勝枚舉茲舉其提要數語餘亦可見一班惟彼以輿論爲要求之獨一無二方法故并謂武力可不用而政黨亦不必成其收效者惟輿論也雖然輿論之爲用吾亦不敢謂其絕無勢力也然彼謂其即能成要求之功者吾則實敢未信也何則歷來學者

與政治家其稱頌輿論勢力之大者不可縷述最著者爲拿破崙常爲言曰『歐洲五大强國可稱爲六大强國輿論當居其一盖勢力之大不可抵抗』羅馬之格言曰『民之聲神之聲也』又法國首相雷相爾曰『輿論之勢力非目所得見之也然其力量之大較勝於軍隊與金錢不但可以支配國民且能入宮殿而支配帝王也』準此數言其形容輿論之價值亦可謂至矣盖輿論一興氣焰方張其勢力之大洵可能撼山嶽而移江河故以如何虛僞之政府究不能不畏輿論之發生并不得肆行無忌以逞其轢轢之手腕儻令壓制太過則激極生變變極生亂革命之禍行將立見於當前由是而言輿論之勢力誠哉其不可沒也然吾特有進一言者

立憲之國則有輿論專制之國則直無輿論之可言

誠以輿論之發生必賴新聞雜誌以爲風行而立憲國中凡言論出版思想苟非防害公安之議論皆有法律以保其自由故公意一發即徧行於國內而莫可抵禦至於專制之國則不然彼其嚴刑峻法以侵害民人種種之言論苟有稍礙政府之詞即不惜出極端之壓制以爲處辦故凡近於公理之論皆蘊蓄於中而不得發其能發

者必於政府礙有利益之事如近者日本各報載西后遊怡和園一日之間靡費已至百萬之數而中國各報有一敢言及此者乎更其下者即各省之報若天津漢口皆於督撫稍加指摘即招封錮而上海以在權力之外故稍能存公道於幾希然其據極端之公正以言之者亦蓋不一見也蓋彼亦非不欲言若盡情吐露則政府亦可交涉外國而封禁之至於爲滿人籌畫之議論則且傳諭以求建言故關於八旗生計之奏疏稍有條理者亦無論其有防害於漢人與否皆獲優嘉獎以去而逐臭之夫遂乃以此爲昇官之媒介議論沸騰充塞朝野輿論乎非輿論乎此不待智者而知之矣因是推之**則凡專制政府出於公意的輿論則不能發生出於非公意意的輿論則能發生**徵之中國事實及各國之歷史莫不皆然是彼所謂『開國會之聲能呼譟於全國者』吾又知其斷斷非公意也若爲公意則於現在之專制政府必無利益而政府因其有防害於已者亦斷不能使之如是其澎漲也然吾今且讓一着以爲公等之輿論爲公意能發生而政府亦不壓制也**然吾聞有立憲政府因輿論爲轉移末**

聞有專制政府因輿論而變遷者。

蓋凡立憲政府恆視全國人民之喜怒以爲向背設一旦離散衆心不特政策不能行勢位不能保即一身亦難容於社會至於專制政府其政策原與人民無直接之關係而勢位之鞏固乃因得一君主之歡心則其去留之所繫幷非基於平民之公意故平民之喜也彼固無介於心即平民之怒也彼亦無遺於懷惟恐恐焉以不得君主之歡心是懼縱國內有如何激昂之議論而彼皆漠然其不關心若夫君主一人之身穩處宮闕亦無由聞一班之公意或者偶有所聞然以己素日之神聖未聞有敢犯其尊榮揆之情勢自亦斷不肯受衆人之詆誚初聞此不道之語憤怒之概必至其極勢將益出其壓制之手段而後已即如俄羅斯之已事君主專制貴族擅權荼毒生民無所不至全國議之歐州各國非之至美州之三尺童子莫不痛恨而責斥之是豈無輿論者而俄之政府豈未知之何竟視若罔聞而專制之毒曾未之易是亦可知輿論之對於專制政府之政効矣更即中國之事言之蘇杭甬路之事件全國人民皆起反對而政府之借債任行如故未嘗因輿論以爲取消且復派兵八千所至焚掠較無輿論時其

受禍爲尤甚而近日官場且以得報館之唾罵爲昇官之捷途則後日之發達更可推想而知輿論之功効果可盡恃乎該報不知乃斷言『彼時政府雖欲抗之而無如何不得不降於國民之下』易言若此非謬戾之甚者乎且吾聞諸小野塚氏之言矣『輿論之勢力消極的方面每大於積極的方面消極云者謂對於當局者之政策或贊成或反對不過表示其意思而已若積極則反是謂欲以輿論之勢力左右政府且自示一定之政綱而要求其實行然表示其意向則甚易而要求其實行則甚難』準是而言則救今日之中國欲恃輿論以成功者須鼓吹人民自立改造政府立一完全之國會不以依賴政府爲目的則其成功也或有日矣至於煽惑衆聽以輿論爲成功要求之實質既已萬不能收効而我平民先自放棄其責任且將墮落而無底止該報不知乃言『謂無兵力而僅有輿論之決不能成功者乃過甚之詞』（中國新報四號二十頁十三行）此正小野塚氏之所謂難而吾更謂其增吾平民之放任也且輿論之名詞亦非可以妄爲冠戴者就英文『渥比崙』之意譯之當爲公衆二字或譯爲公論二字亦爲適當惟近日和文諸書皆用輿論二字此亦無關緊要特必合於

眞理的議論方不越原文之範圍至於有時爲社會一分子之個人但本其計較個人之利害以爲表發而當表發之後或多數人不爲之經意偶然意見一致者或更有與此個人有共同之目的而表和同者其實皆非輿論也故如該報所持之輿論的名目不過爲其身之利害而發其贊同者又不過與彼表同情於富貴利達之人或無知而爲是盲從者**是彼用以爲要求之輿論非眞理的輿論乃虛僞的私論耳**。要求如斯尙何言乎。

(乙)武力的要求。　該報云『或曰設使輿論而竟不成功勢不得不用兵力則子將何策之曰。此他日之事不必詳論。若欲豫言之則吾固已思之使吾黨以輿論要求不遂而不得不用兵力也必政府迫壓吾黨以兵力彼其時國民之輿論又必呼曰。兵力兵力一人而呼之萬人而和之斯兵力即從此呼號奔走中而生矣。』（中國新報四號二十六頁六行）觀該報始終之主張以輿論爲必能成功故又視輿論爲武力夫輿論之不足恃吾前既言之矣而該報乃言武力爲他日之事不必詳論則可謂輿論不成功而即無令成功之法矣至於『使吾黨以輿論要求不遂而不得不用兵力』云者在吾輩則視爲必致出此在彼則漠然視之若甚不置意者也夫現今之政府豈有不用兵力而可以成功者乎君主之惡劣官吏之橫暴揆之萬國古今之歷史其專制之極端者蓋亦無有甚於斯於此而欲其改革使其自動不勞我平民之心力雖三尺童子當亦知其不能何楊氏自命爲遠見者何竟盲焉不察耶蓋所謂改革云者必期碻於我平民有莫大之利益既於平民在有莫大之利益則政府一切腐敗之政治自不能不盪除之而使去然其握大權居高位者又悉爲發腐敗政治者之源泉今既欲掃清政府則此輩自不能不揮之使去然此輩雖不能爲國家籌公共之利益而其關於一身之榮辱自亦必出死力以爲爭抗然屬於此類或一人或數人或多至三數十人則亦可以恃輿論以爲抵禦無如舉朝之中非一人非數人非多至三數十人乃自上而君主下而至於州縣典吏無不皆然眞所謂責之不勝責而責之亦不能責焉是對於如是之政府而欲言改革則不侵害此輩之利益而能收改革之功効誠可以輿論而告厥成功然此乃不能之事也何則蓋欲實言改革斷未有不侵及此輩而能成功者即如完全之國會乃以監政府爲特長匪特及於官吏且

并及於君主則此國會成立之後而此輩之惡劣行爲又豈能經國會之彈劾然彼輩縱無識亦豈不知完全國全成立後之大不利於已則公等欲完全之國會也吾知其必非輿論所能得何者彼輩當竭全力以對待之也若公等不欲完全之國會也則於此輩固無所傷而彼亦必無詞任公等言國會即國會矣亦不必用輿論要求亦不必慮目的不遂兵力之不用更無待言祇一二人到京都上請願書即爲已足若謂『使吾黨輿論要求不遂而不得不用兵力』云者乃過謙之詞可勿間話者也若其不然欲得一完全之國會則輿論要求之不遂可以斷言不得不用兵力亦可斷言又何必設一使字論之致多勞一番夢想也且既言不得不用兵力也則兵力在我自動可也而又必云『必政府之强迫吾黨以用兵力』則貴黨之兵力非自動的乃被動的生平之政見公等固以被動爲目的乃至起革命軍時猶存一被動之見貴黨之爲上司設想眞可謂苦心孤詣矣敬告公等政府兵力之用原爲荼毒平民而設公等既非平民又能與政府爲緣則政府方引爲同心尙何强迫之與有設公等不至京師電報催促且至三數發而不已高車駟馬猶恐迎之不至更何敢

用兵力以爲强迫公等處此當亦必不辜此政府諸老之知遇勉助政府壓制平民即已足矣又何疑政府之心尚有他舉動耶至言『彼其時國民之輿論又必呼曰兵力兵力一人而呼之萬人而和之斯兵力即從此呼號奔走之中而生矣』此其爲言眞類夢囈夫公等不言兵力則亦已也若言兵力則非鼓吹於平時又豈倉卒號呼之所能集事者蓋凡天下之事非預備於平時即不能應用於臨事其預備稍非精緻周到者且不能施之於倉卒況其平日既純以依賴爲心則其心目中惟有一政府是政府種種之毒虐且將聽蹂躪而無怨懟尙何能突立而有反抗之心即如數千年來中國之習慣養成一種君恩高厚之思想凡社會上之意向皆莫不以報答聖明爲措詞即其心理之本質亦因習慣而不爲異間有酷虐之君橫暴百出而已且以爲身所應受曉以人權公理之義且嗤之以爲大逆不倫準是以推則公等之盛言政府萬能者本此思想以陶鎔我平民之腦筋無論政府對於此種之孝子神孫不必施以兵力即或偶用而平民亦惟有甘受不辭斷無有桀驁而起反抗者何則養之有素匪一朝一夕之功所能至此也則謂兵力可由號呼奔走中而生

者何其不思之甚耶至於謂『兵力可以小。（中國新報四號三十六頁提綱）兵力可以敗。（四號二十七頁提綱）諸云云者此非惑人之詞乃自惑之詞也政府爲肯退讓也則不待以兵力若不退讓也則不能致其死命之一日即不能解其政權之一日蓋政府既以壓抑爲目的亦斷不因其稍有遑動則即如我民之希望必使其萬不得已無可壓抑之時或可以如平民之願以相償若尙有幾希之生路則政府且當極卑劣之手段以爲搪塞若往者法之借奧兵近者政府之借法兵（其事雖未表現然經比國學生調查亦必碻）皆爲政府最後之方法是謂可小可敗之兵力而奏完全之功効者吾究不知其何所見而云然也故小兵敗兵乃出於我平民不幸事雖未必不能稍震駭政府然時無幾何而政府又仍如故也即如吳徐之一擊而僞立憲之諭旨日下未幾而高臥依然矣近者雲南之師偶然蜂起而國會開設之會議且時爲之籌策然此事既息又可料數月後而無國會之影響矣蓋彼所謂立憲所謂國會不過一虛名犹不肯急於假定況欲其實質者而幷欲完全無辜平民之希望者自非以至多之兵力不敗之兵力又何能使其遽轉而降心以從我平民耶惟是兵力二字乃該報最諱之詞畧一言及又恐招政府之忌敢言至此猶可謂放膽之已極言論之不自由竟至如斯吾惱該報吾更以悲該報政黨的要求　該報有云『吾之目的在開國會以改造責任政府而其方法則在立政黨以謀開國會耳吾以爲今日救中國之方法其下手之第一著實舍此莫由矣』（中國新報四號七頁十二行）夫以立政黨爲救中國之方法其議論亦未爲非蓋政黨之勢力自古有之從歷史上觀之其最著明者自十九世紀設立議會之文明諸國政黨日發達遂演出政治上之大活劇迄今歐美議會權力漸歸於衆民例如共和國之選擧大統領也往々此一團體選擧甲者爲一黨彼一團體選擧乙者爲一黨而政權之爲所變更者蓋已數見不鮮矣嗣後政黨益乘此機擴張其力日進一日而未有已現時北美合衆國其政黨與政府勢力常相峙而不相下遂有第二政府之稱其他立憲諸國衆民之勢力及政黨之組織皆漸次亦能左右政府特不若北美之極盛耳然則政黨一節雖爲憲法所不規定而談政治革命者斷不可置之度外此固吾所承認者也然吾特有進一言者政黨之名詞亦不可不爲區別也蓋黨派有二種當視其意見之根據如何其意見由個人之利害而出者謂之私黨又

曰朋黨因公共之利害而出者稱爲公黨而政黨者乃公黨中之一種今彼之所謂政黨者不過私黨或曰官黨刻詞言之則值名黨利黨酒黨飯黨耳蓋不過計一己之利害利用政黨之名義以達其昇官發財之目的而於國家公共之利益原非其所重不然專制政府之下斷無有公黨而能與政府相接合蓋政府既以專制爲目的則必不欲破壞此制以自護而公黨之主義勢不能容此制之復行其機之難容殆如水火不相安氷炭不相投任彼如何調和亦斷無有能相濟爲用之勢即如俄羅斯之國中非無黨派也然立其朝之上者曰保守黨(內治的)曰武力黨(鯨呑的)而皆以助長政府壓制爲手段其民主黨之勢力亦非不普偏於國中然經數十年之心力而僅得一不完不全之憲法雖議院中亦舉有其黨然因要求平民利益之故被捕逮者已不乏人見於去歲日報者想亦衆人所公見故俄羅斯之國可謂與政府合同者皆私黨而平民中始得謂之政黨蓋政府以專制爲目的而平民以公共利益爲目的也今我國之國體與俄同政府之保守專制與俄同而公等之政黨既不能絕對立於政府之反對地位以指示其政綱乃與之相要約以狼狽爲惡則

國會未開設政府尚無法以多盜民錢而國會開設之後復有貴黨之羽翼到處游說收括民力至於淨盡而政府饕餮之慾壑遂得大肆其鯨吞專制之政治且將長而靡有終窮非至亡國之一日則專制永無倒蔽之一日是貴黨之用心蓋慮陳後主隋煬帝之下陳未充而復後選天下之名姬美女以遂其慾望淸夜自思能勿愧心乎然吾爲此言貴黨必不甘自認也又必自謂爲時立於政府之反對地位者然試問立反對之地位者其相手方猶肯助長之以澎脹乎今者憲政公會居然設立於京都矣而乃公之黨首又居然得政府之許諾矣是古今萬國亦無此反對黨之待遇乃爲貴黨特開之先例吾人聞之洵有不能不爲之詫異者耳嗚乎貴黨之用心吾非不知矣不過以一人而夤緣政府恐不能得政府之歡心乃遂率天下之表同情者而附和之而政府以其素日之孤立失衆民之聲望乃亦借貴黨之羽翼而益鞏固其專制權力是貴黨以趨炎爲目的政府以接私爲手段下賴上爲護託上賴下爲爪牙爲貴黨計則得矣爲政府計亦得矣獨不念中國之大勢將遂至何者以爲終極耶至該報述其黨要求之理由乃謂「前者可以死而後者可以繼」又言

政府之對待『充其量不過捕殺數十百人』誠過慮之言夫貴黨之要求豈有致死之術如此其忠心如此其誠實天下縱有無識人豈遂至不辨其爲助我而來者即如近日之上請願書者或留部用或放外差莫不獲優賞以去而部臣會議尤有謂上請願書之代表調入資政院以備顧問者行否雖未必然亦可知其對於貴黨無不設法以爲安置是固可爲斷定者敬告公等愼勿不量政府之心而爲是惶恐之語也至於捕殺數十百人乃政府對於民黨之已事公等固不得冒民黨之名而政府亦斷不致以是對付公等或將爲現今公等對付民黨之政策亦意計之事也特此言當須當我輩發之亦不須公等之嘖嘖爲也

關於被要求者之他位該報言政府而不及於君主乃日本國法學者謂君主在法律以外之變象故彼言政治革命不及於君主盲語怪說洵堪痛惡若吾人之主張則君主亦在政府以內不得謂政治革命置君主於國家上不可移易之機關故吾人之分我國政府曰君主曰官吏凡此所說當於國會之性質一節詳述之茲以該報僅言政府之官吏故亦漸置君主於不論特該報以現今中國之政府乃放任之

政府其勢力亦極薄弱其惟一之根據則在於此故其言要求極易成功如該報有云『中國之政府惟其放任也故事事居於被動之他位而又最易劣敗者也於外交亦然於內政亦然彼如睡人無人搖撼之則長日昏睡如尸若有搖撼之者則不免於睡夢之中以足跌人惟洋人來蹴其頭斯乃瞿然而驚覺跪地而請求耳其對外對內强弱之異同也不過如斯故即有主張政治革命者以與之相抗彼其爲民黨祟也當亦非俄羅斯之强暴可比充其量不過捕殺數十人而已（中略）且過此以往吾可信必無大於此之阻力矣蓋政府殺一黨員民間可增無數黨員若殺至數十百黨全國之中半爲政府之敵斯於左右叱咤之聲中而不負責任之政府必倒』中國新報第四號十三頁　夫謂中國政府之放任者誠放任也然乃對於政治的放任而非對平民的放任換言之即對公事的放任而非對於私事的放任也彼其尸居高位一事不爲有談及國事者輒慨慨然若不終聽然其關於一身之利害則又出死力以爲競爭如近日言教育言實業彼皆漠不關心且利用此舉以爲位置私人之地故其不反對者乃於彼無損傷也若夫完全國會成立後則彼輩之勢位必不能保

於此而欲其放任又烏從而得之耶即如上年之改革官制不過於彼輩小有所損然於根本上固無所動搖而京師大僚全部反對卒乃敷衍了事略改名目則推想他日不開完全之國會斯彼輩必放任也若欲得完全之國會則吾固知斷斷不放任也何則不利於彼等故也至謂政府事事居於被動之地位而最易劣敗者此單指外交各國而言亦爲至論矣若究內治平民而言則無在而非極端之凶橫匪特不受平民之指導且因有指導者而益肆其毒虐之手段蘇杭借債乃其前車公等因未之聞耶若夫捕殺民黨之事數年以來日有所聞合計所亡亦在千數即如大同一案而捕殺者已難數計其連累之情形殆亦與瓜蔓抄無以異而謂非俄羅斯之强暴可比者何爲政府之辨護乃竟如此其熱心耶夫使政府而不慘殺此誠吾輩之最希望者無如前事可鑑非可以語言諱也至於謂至是以往吾可信必無大於此之阻力此言尤類夢囈夫使政府不自保其專橫則亦已也既已捕殺數十人則其欲固其專橫乃亦公等所承認則過此以往方將妨閑愈密而民黨於此且將至棘地荆天無往而非牢鎖之境遇其阻力之大尤必至於不可思議即如俄羅斯

以前之民黨其舉動恒易而近則幾不能啓齒言及政府之惡劣則推想中國後日之情勢當亦必至於斯夫政府之與平民旣成對待之勢則卽必預備其對待之力民間無出而爲對待者則其放棄自不必言若平民增一度之抵力則其壓力亦時愈甚況夫平民之力難驟進而政府之力易整齊卽使其不大豫備然以之對外則不足以之對內則有餘如現在中國之軍隊其腐敗之狀至不堪言而我民欲爲追動亦彈制之而有餘裕加以三數年後賣勢力之增加自有千里之勢而爪牙林立所在皆是兼以利祿之往復以賣民黨爲昇進之階則於彼時卽求如現在之能靜坐而亦不能縱民黨以絕大兵力加之彼或不能抗且將引外兵以爲解決若近日雲南之已事可以明證則謂斯於左右叱咤之聲中而不任責任之政府必倒者易言若此何自欺之甚耶嗚呼君等亦非欲現今惡劣政府之倒者何故作此革命語以自恐駭之蓋政府方與公等同心協力又何必作此無謂之想像也（未完）

第五期

警告同胞勿受要求立憲者之毒論

不白

大陸沉沉風雲慘憺四萬萬方里版圖四百兆智愚人民俱處於黃髮紫鬚兒支配之下欲割則割欲烹則烹黃帝神明之冑久不齒於世界人類矣而其所以致此顚覆流連一髮千鈞者伊誰之咎致厥禍首亂源不得不痛恨太息猶生存廿世紀之野蠻政府也夫政府者何物也非一般同胞組織一高等機關捍圉土地財產生命計乎迺政府自庚子甲午之後蔑外之手段變爲媚外之手段將十八行省之路權礦權郵政權森林航海諸權直接間接掬而送之列強之手猶以是不足亡中國也於是送安南送琉球送海南送緬甸香港九龍送於英法威海膠州送於英德旅順滿洲首送於俄又送於日台灣朝鮮皆吾同胞費無量數鐵血而征之服之者不憚以樽俎譚笑而送之日本也嗟嗟川藏也湖廣也兩粵也山陝也蘇浙也河南山東也非暗送之英法即明送之日俄德試一披支那顏色圖莽莽大陸容有一片乾淨土也是各國政府爲捍圉擴張土地財產之政府而中國政府爲斷送土地財產之

政府也夫土地財產者國民生命所附麗也無土地財產何有生命是同胞爲政府奴隸三百年而心尙不甘者非殺之不可也吾同胞即不與政府爲積極之反對其如政府目同胞矣致死之目的何也嗟爾政府嗟爾政府不能捍圉擴張同胞土地生命財產即在推倒顚覆之數而又斷送同胞土地生命財產即爾政府自問當推倒顚覆否耶吾敢肯定之　曰中國政府非同胞之政府迺列強假設之政府也如越南法之總督滿洲日之總裁不過支那地大物博非設一總機關不足宰割行省此北京政府所由設也中國政府夙以吾同胞制吾同胞者今列強猶以中國政府制吾同胞也是有中國政府吾同胞即無餘命矧猶有列強之總政府以盾其後也欲不死焉可得哉　際是時也即合群策衆力推倒今之政府猶懼國運已亡莫救喪亂於末路使復俔俔伈伈忍奴隸牛馬之辱不唯亡國滅種之禍莫挽縱死於九

京何以見列祖列宗於地下一死無再勵之辜百教皆應享之福拚好頭顱與河山而俱碎者甯不愧好男兒耳而孰意大有不然者廿世紀後爲專制君主之下塲即崛强之俄羅斯强傲之士耳其亦怵於炸彈利刄而宣布立憲之旨今中國之政府亦腆顏効顰以虎裘狐媚之技倆爲牢籠掩飾之機關倡布立憲與民更始抑奇矣是波蘭布立憲於瓜分之後埃及謀獨立於亡國之日也獨恨此殘賊獨夫之政府於國家危亡之日猶用此新鮮名詞愚弄同胞是欲中國之亡謂亡於立憲而非亡於專制同胞之死謂死於立憲而非死於專制立憲二字爲同胞送死之代名詞專制政府之脫罪案也此非余一人私言攷之東西各報孰不以中政府之立憲爲專制之假面也弗意一般士夫默默無聲寂寂長夜若以一布立憲中國即臻富强國民即脫奴籍者在學究肉食不明世界大局岌岌於立憲一途者亦固其所無足深詫獨有智非不辦種族學亦略通內外而醉心頂藍翎紅遂不惜墜癖其說詭異其論今日要求開國會明日要求立憲率一般繩營狗苟奔走王公督撫之列懸河紳商士庶之林曰國亡也種滅也舍立憲一途而決無救國之策究其宅心積慮詎不

知救國之道不在立憲而立足憲適亡國者不過貪一時富貴功名不爲子孫百年計率天下而入於岐途也顧富貴功名求之自有多術何必假立憲爲發財榮身之階於是要求開國會之隱謀不擊而破矣彼其最關心一事者生死禍福蓋要求國會成則陞官發財不成則亦無喪身滅家之憂此計之兩全者所以狡桀者倡於前庸懦者和於後鷄鳴狗吠擾擾於四百餘州也如此禍不亟爲拯救航濟較之洪水猛獸則尤甚者非四萬萬同胞俱死於立憲鴆毒不止也願吾同胞其諦聽之自羅馬帝國專制而還世界之君主無不以神權天授應享人間無倘之幸福生殺已操禍福我予非黔赤黎元俱處於積危呵責之下莫敢誰何而心不快於是國民主義與帝王主義成絕對反對地位然其時宗教謎人猶以帝王神權不敢妄干自近世紀文明發達以來而一般學者皆主張個人自由萬類平等風潮所激全歐波靡刷洗學人之奴性誘起政界之動機此歐西革改一大遠因加之列强勢力平均內力充而外界之柢力亦大英握伯權於先法握伯權於後俄繼之普又繼之其間雄雌奮爭百年來無一日解脫國權愈張而國界之競爭愈烈國界之競爭愈烈而國民

之程度愈增漲而無已時其究也由王權而憲制由憲制而共和帝王神聖之舞臺終入春夢鄉裡不復現於廿世紀然其所以得享自由平等之福者豈由於請願要求哉灑志士之淚活英雄之血拚好頭顱隨自由幸福而俱盡者不知慘埋幾許志士仁人矣如僅立憲即可俾國運於隆盛並駕於列强世界數大强國永不敢向支那本部萌問鼎垂涎覦覬窺伺之志如僅要求專制野蠻之政府即底首降心服國民之請願而一切立法司法行政外交靡不遂一般輿論意見准進退存亡之機是法蘭西之革命徒寡人之妻孤人之子絕人之嗣拚無量數之精靈英魂卜無意識之慘劇英之自由憲法美之自由共和德逸志之自由統一意大利之和平憲法皆耗億萬人之腦力手腕億萬人之頭顱血汗悉爲無事自擾蹂躪生靈徒以留千載百世後歷史上慘目酸鼻之悲劇而已夫何不上一紙書曰監督政府請開國會不折一矢不費斗糧不傷一命而得此前古未有和平立憲之君主也國家也夫英法美德伊之人民何如是冥頑不靈愚昧無識不惜其身家性命土地財產而與天王神聖不可侵犯之政府爲角逐爭勝於一擲悲夫驪頷之珠不可俾得負嵎之虎安

可力求國勢危機存亡。一髮千鈞之秋非捭闔華屋抵譚公庭可奠國基於苞桑非筆擬猶龍狂譚捫蝨克抗國運於末路即能喚起國民國家政治思想之能力振背。一呼群爲響影翻旗倒戈與政府相見最終之點則得失成敗之數政府猶居其七國民祗居其三所恃者人心不死而最後之勝終點在國民耳不然無致死之能力徒事於請願微論其政府不准請願也即准其請願吾知國會者政府之國會而非國民之國會立憲者政府之立憲而非國民之立憲不過政府。改名曰國會專制變象曰立憲是前政府。猶明火執刀以刼人而人尙能防禦者今則狐媚夭容婉轉娬媚吸人精竭人髓至死而不悟者此中國之立憲應有之結果也同胞同胞果眞欲立憲乎如眞欲立憲也吾將言立憲之眞髓與立憲之價値不得不暢譚痛論法蘭西之革命史追求萬國立憲之鼻祖

法蘭西革命之原因頗極複雜究之虐政害民較中國之政府尙不及十倍者法自路易十四以來厲行專制內政腐敗達於極點而君主驕奢淫逸內則輿不亟之土木。外則耀無用之甲兵以致度支告匱司農仰屋不得不嚴刑峻威以事朘削故怨

毒日深（中國政府。鹽稅酒稅茶稅房稅釐捐統捐及花捐妓娼捐是謂朘削否也。）加之上下社會不克平等僧侶寺院占全國領土之半類皆坐食淫佚優免租稅而納稅之義務祗責平民（試問中國平民。有優免租稅之權利乎。貴冑皇族。有納租稅之義務乎嗟嗟立憲）不堪厚歛摘朘之苦因之迫於饑寒。而漸生不靖之勢（中國數十年年來無一歲無烽火告警豈眞革命黨耶抑饑餓黨耶。）且自十八世紀以後法國文人學者類以平等自由著述立說引誘平民孟德斯鳩則有萬法精理盧騷則著民約論唱極端民族主義掊擊專制政體而人心對於崇拜君主之觀念自然消殺此法國革命之最大導火線而全歐君主之頭岌岌也（今中國本此主義而倡者。劉章乎范楊乎抑徐梁乎。）且其時也合衆國新唱獨立共和政體傳聞遐邇而呻吟於專制政體之法人比較榮瘁之殊如電襲腦不覺感情鬱勃躍躍欲試矣（雲南之亂得毋類是。）夫民也誰無父母誰無兄弟誰無妻子誰無親戚故舊誰無土地財產誰無身家性命而甘於舍生就死者斷無是愚人也而獨至奴隸之辱有堪於死專制之慘何樂於生與其生而受慘天悽地海枯石爛莫援之奇辱何如奮鬬揚武致果乃毅轟轟烈烈而作脫奴之壯鬼也所以生有堪於死者英雄偉人視鼎鑊刀鋸而始飴者非無故也法自路易十六以來專制不堪於十四但優柔不斷有利民之心無利民之寔誤於嬖倖惑於倭壬皇后乘間竊奪而一國之大權縱操獨斷與近臣穢行遐邇謗興至拉墨的伯爵夫人環首之事件宣播民間尤爲誹讟之府（此事有合於中國政府否某不言請同胞推之）況經路易十四十五法國之財政軍備內政其棼亂腐敗已達於不可及極以十六之庸材又加皇后之淫佚奸人當軸志士散置內治外交之苦窳每況愈下負擔稅務之平民水火益深無已於一千七百八十九年五月五日召集國會於色野提出政治改革案議之上流兩部（貴族僧侶）下流兩部（平民）平民與貴族僧侶各有主張而平民寔占多數貴族僧侶以由來占優等之位置不屑與平民爲伍非分出階級則不能提案決意而平民則以上下平等議案否決准之於票數之多寡於是議塲紛擾意見衝突終不難和平解決而貴族僧侶與平民之消長口舌之角遂力窮不得訴之鐵血而革命之機更不容已（中國之開國會。果能下下平等。求無此衝突也恐皇族貴冑。無此慮度矣。）當國會之爭議不決也平民大憤咸集於宮城之打毬院盟天而誓曰凡我同人非制定鞏固確立民主憲法決不解散舉米拉波爲民黨首領另組織國議會與貴族敵與僧侶敵與專制之政府敵將一切壓制魔王非一掃而空犁庭窒穴再造一自由平等和平之世紀而志不已此法之國民臥薪嘗膽茹苦含辛忍之久而發之毒滯之急而流之烈山崩海涸而此心匪移革命激昂慷慨之潮流已澎湃於巴里全市而路易十六倡專制主義如故國民於是弩滿之下不能弗發忽聞政府以兵力解散議會而革命之機成矣於是以號外新聞爲革命之火線市民暴動爲革命之動機解放國事犯爲革命之先鞭風聲一播全國騷動而驕奢淫佚壓制平民作無尙之暴威淫福之貴族僧侶相率斂跡銷聲狼狽潛逃於英德奧利諸國爲冀延殘喘倖命保首之計當其時也路易十六方以兵力之强必可解散議會而非色離宮之聲歌管絃端侯報捷好音者革命軍闖入離宮擁王入巴里矣於是王權掃地民權大伸重開國會厥定共和廢門閥之舊制蠲教士之特權出版結社言論靡不任平民之自由而立法行政凡有蠹國病民者改絃更張之而一千九百九十一年民主共和之三色旗遂翻揚於巴里此同胞要立憲之藍本也可重讀之獨是困獸猶鬬王權卒不欲終斬一息尙存天威縱在咫尺帝王有眞平民何與而

千古萬世之君主類皆如是思想何怪於路易十六迺於一千九百九十一年微服出奔思借外國之援助恢復王權（雲南之亂。政府欲借法兵。得毋近是。）幸也天十心壓亂不欲專制妖魔永留世界爲萬世生民之大蠹謀之不藏予人何尤則神聖不可侵犯之路易十六終爲巴里囚矣於是出爾反爾夙之致毒於民者則國民不得不籌對付根本解決之策於是議會開公判審問獨夫罪出席議員七百二十一人卒以三百八十七人之多數宣告決處死刑遂於一千九百九十三年正月二十一日送路易十六於斷頭台上平民跳足狂奔莫不異口同聲曰共和政治萬歲萬歲萬歲

夫兎死狐悲惡傷其類情也歐洲自中世紀以來各國君主之專制已達極點法蘭西千九百九十三年正月二十一日之凶耗風聲傳播蔓於全歐而一般水深火熱積怨莫訴之平民深林岩洞勵劍擊掌無不思號徒集衆揭干揚櫓爭脫桎梏囹圄羈絆奴隸之慘辱而爲君主者俱有首領岌岌朝不保夕之虞於是平民與君主已際懸崖高版極弩滿矢之下不得弗發幸也雄武偉奇磊落英邁之拿破崙而爲自由平等之首領徘徊回顧高瞻遠矚欲以自由幸福萬類平等博愛大主義沾濡世

界而鎔鑄一平等自由一新大帝國興兵揚武征伐累年而各國君主方以深思積慮敵外禦侮之不暇則壓制平民之手段遑焉不暇推究而自由平等思潮得假此干戈熢燧兵戎倉皇之餘間盤根錯節團結愈固惜也破翁積極成性不克以優容温和平易圓滑之手段進行革新布舊之方卒至滑鐵盧一戰一敗而不可收拾而民權掃地矣

是時也歐洲風雲慘憺無色王威昇天民權墜地而最足激平民熱度感情磅礴鬱滋長蔓延於十九世紀之後半再釀革命之禍世界之帝王神聖妖術一炬而焚之滅之永不使勃起萌芽爲萬世厲民之具者莫甚於維也訥之會議維也訥之會議梅特湼爲議長之人者自由平等之仇敵也其研究討論假對付法蘭西之名目爲神聖同盟之陰圖其間條文複襍不暇枚舉但以耶蘇教公平慈善和平三大主義爲內政外交之紐樞各國王侯親如兄弟凡入耶教者爲一大團體而相與維持公平慈善和平之主義俾鞏固於世紀而其寔以公平慈善和平數字附專制之補元臍設平民有積怨莫訴非求之鐵血不克解決此問題者而政府即以不公平不慈

善不和平之罪案殺之除之斬之夷之藉教律之傀儡為專制之媒介長不使自由民權再伸入十九世紀君主場裏背人道蔑公理世界君主漠然不顧者（中國儒教曰。尊王忠君。而歷代帝王。崇以虛名。作巳傀儡者。其與是有殊也。）嗟乎生民何辜產此妖厲茫茫長年而忍與之終古也而其時法蘭西查爾斯繼位厲行專制尤甚以神聖同盟護符為擴張帝權張本禁閉師範學校廢馳陪審制度禁自由出版自由言論自由結社逮捕志士大肆殘虐種種摧殘士氣剝朘平民凡有益王權者不惜攘背為之（今政府封報館。嚴結社。毀學堂。殺士林。何異于是。）於是民氣激昂爭相聯合罷市示威抗稅喝恐冀政府稍安事息民何必再演殺人流血之慘而執意查爾斯之恣睢如故恃有兵力在焉獨是民者兵之原毋兵者民之分子在未開化以前兵可為政府走狗飛鷹既開化以後則兵決非政府可任意左右夫民即兵兵即民斷未有自殘同胞甘作虎倀者此所以自由平等大賊查爾斯終至平民反抗士卒倒戈演七月革命之活劇鼠竄鷹跳老死英倫三島千戰百鬭之餘自由之花又開

夫歐洲十九世紀之革命為專制君主者無論矣而社會經濟問題亦隨世運文明

之遷流創一種殺人無血之慘較專制政體其痛苦顛連之情況有過無不及者此法蘭西三次革命所由來也法自二次革命之後其君主之專制自不敵路易十四十六之酷烈所恨者議員選舉限於財產平民無業者縱俊偉英奇困於窮神惡魔終屛出議事聞政之席則立法司法行政諸大權胥爲門閥富豪貨殖交際塲是魔王專制甫脫財神橫着又來而平民費無量精力腦血冀得平等自由者初不料拒狼引虎又添一疽背瘠瘦之浩刼也況社會主義已盛倡於十九世紀世界一切生產力不得不視爲勞働者固有之財產久爲一般學者所激論而富豪大賈方且以電氣瓦斯蒸氣之作用挾是爲壓制勞動之秘術詎肯公產集財施及貧民且又有專制之政府相與表裏政府藉富豪之資本練陸海軍爲壓服平民之具富豪亦藉政府之陸海軍爲護財產之符陰陽交乘禍福相倚而被慘痛受慘禍者厥在窮々無告之平民則法蘭西素不避生死之好男兒際是將何以堪也不得不雙方對付爲本根解決之計遂釀成二月之革命專制資本家之桎械牢鎖經爐火百煉而竊縛略舒此法蘭西革命之大凡也 此禍中國雖未彰著。而隱機潛伏。其害世亦不勝窮。特一般學者。逌々焉於政治一途。不詳察耳。中國改革後。自不以余言爲河漢。

其次英之名譽革命。嘖嘖於學者之聲口。洎觀其改革之歷史。靡不從鐵血中來。英自惹迷斯唱神授君權之說。輿論已滋不平。至查爾斯襲父之餘威。益爲箝制平民之計。殺志士。捕黨人。附己者位之重權。抗己者置之法典。全國嗷嗷。革命革命之激流。澎湃濤湧。不可收拾。而平民與王黨。遂於千六百四十二年大開戰局。連戰經月。破王軍。擒王黨。而王於是被囚。千六百四十九年開高等審判院。判查爾斯有反逆殺人賣國三大罪。處以死刑。此英之自由憲法表本品也。所謂名譽革命者。迎王荷蘭。要求畧遵憲法。不然。不得爲我君后。而維廉三世。亦自由平等博愛之一份子也。故恪守憲法。與民更始。而大不列顚帝國。遂稱盛於世紀。若伊若奧若德改革之際。有暗與法合者。有暗與英揆者。要不外鐵血主義鎔固而成。非要求而來也。故亦不暇屢舉。而獨至我國要求立憲派。動曰仿摹日本。上書請願。冀和平之改革。此最足錮惑同胞耳目者。是不可詳論日本維新之歷史。以照要求立憲派之僞謀奸計。庶不致再淆亂人心。而從事舍本務末之圖。礙中國進行之機。夫日本維新。誠有上書請願要求國會之一事要之日本得食憲政美果者在傾藩倒幕之日而不在要求立憲之時也日本由來大權在幕府不在天皇自東西交通而還大將軍之內政外交種種失敗較中國庚子甲午割地賠欵不甚懸殊故至今日本稅關尙有西人管理權者而日本人士偶譚及此無不慷慨流涕痛恨媚外誤國之辱也故其時也一般愛國之士雖意見有殊有主鎖港主開港者而傾藩倒幕之見解不謀而合蓋非是不足以救國也主權宜歸於多數而少數人握一國治權者無論如何手腕不能與謀危機存亡之機也故倡首者西鄉木戶大久保而隨從者大偎板垣副島諸人義氣感動人心激昂未幾藩撤幕倒而天皇怵于人民之猛烈始有預備立憲之舉而遲至明治二十四年開國會於東京其間君民水火殺人流血者無一日而息也（中國操政治者。果多數乎少數乎同胞同胞其熟思之。）

總賅東東西數十國之改革如彼而中國之革改如此是救亡而適以速亡也悲夫荆棘匝地非銳鈎長劍斬鋤凈盡不克睹王道之蕩平腥膻薰天非炸藥彈雨洗刷穢餘不復見漢冠之威儀茫茫神州皇帝之子孫俱處於虎口鯨腹之殘餘則雖致果

殺敵復我皇靈。而數百年奴隸壓制慘辱歷史上汚點穢臭罄東海之水猶不能洗。況十數年來政府之喪地辱師元氣盡銳氣消首斷指絕徒以攀附依賴列強殘害同胞虎倀外人冀延殘喘於末路則天事人事皆予我同胞脫奴隸專制之緣懸崖鈞髮生命斬於一機同胞而欲生于步塵繼跡法蘭西之好男兒同胞之前師也攷厥東西各國革命之歷史則要求開國會者罪通於天矣自十九世紀以來世界專制君主無立足地（前章已言不多贅。）中國自吳烈士之炸彈擊於前徐義士之手鎗中於後鷹狡狐智之政府知子孫萬世專制之業不可長保遂亦出一副婆面虎心之手段曰預備立憲也曰組織上議院也畫餅望梅陽以牢籠天下之士夫陰以解散志士之雄心而謀鞏固中央集權之計使其緩不我圖徐而搏骨摘髓事一網打盡之計是不立憲則同胞之亡也尚可緩於晷刻容有嘅起奮興之一日如一立憲則同胞之亡也不俟須臾永永沉淪於黑暗地獄勿望輪廻飛昇之機則東西之歷史可作遠因即徵之今政府之措施假立憲名目而寔行專制者亦未可殫述紹興之役徐義士手鎗戕斃恩銘之命此改革之際應有之喝恫俄之虛無黨法之激進派日本之武士道以短鎗利器戕殺毒士害民之賊者所在多有不過寄之囹圄尤甚者正式裁判宣告死刑殺一民賊死一志士而已此各國對付國事犯規定條例也政府既預備立憲自當導文明國法律准施政典型迺紹興之獄徐則拔心刺目刑僇之慘絕非人類因之而荼僇株連殺軍人殺學生慘罹飛刑引頸受禍者波泊不知幾許青年志士也最可慘者秋女史並無革命干系不過持論過激有碍酷吏汚宦朘民害士之行爲遂捉風捕影中一奇禍致爲國民流血於徐義士之後嗟夫預備立憲者尙不如直其名曰預備殺人流血之直截了當也其次蘇杭甬路國民之集金綽餘而偏挾之借外債爲假名取財之計一漁業也一森林也一航權也一路礦也國民有起而辦者政府必極加破壞之摧殘之若以同胞之生命財產政府不能斬決者必斷送外人不容同胞問津也他之偵探隊巡防營種種隨預備立憲層演迭出者皆所以致民命之具也是預備立憲時代即演如許慘禍吾不知寔行立憲則民禍將伊於胡底也如是而有識者曰此所以要求開國會也政府果於殺人者以司法立法行政諸大權皆操少數人之手故生殺予奪任意放睢而無監督者以盾其

後也果開國會則行政總機關操之國會之內而政府者不過行政一部分而已亦惟有隨國會之意識而爲進退行政之機略有放縱背馳者則行政總機關之國會即監督其後徵論國民之生命財產政府不敢淩轢蔑視或徑情攘奪即國民之一草一木一石一礁亦無不保如神明不敢輕與外人噫國會之權力顧如是之雄且大也然攷法國革命之初次民自開國會尙有無數敢死團以濟其後而路易十六猶能以兵力解散之矧出此少數人一紙之要求無論政府不准其開國會即願其所請而開國會議事之條件能服從政府之頤指則會尙可略延徵命設與政府稍有不便之圖吾知不惟解散上諭一紙議士全拿國會總機關將化爲囚徒囹圄地矣諸議員方抱頭鼠竄之不暇欲尙爲民請命乎悲夫皮之不存毛將焉傳而奔走勢碌說論於公卿侯門遑遑於要求國會一途者可以休矣此所以老練深識者又起而提倡地方自治矣夫地方自治較要求開國會差强人意請開國會則權操於政府地方自治則權操於人民求諸人誠不如求諸己也夫自治要素在不受政府于涉自治團體則自爲其目的自爲其名義保全安寧秩序而圖生存之幸福也故

於政府統治機關內無背馳之理由而具獨有之人格是以一般學者定自治之義曰公共團體以其存在之目的自以其意思自以其機關而處理其事務是謂自治且又案一定法規凡公共團體其進行廢止政府不得任意變更即中央政府無論有如何變動不得影響波及地方團體是地方自治於國家統治尚有特別資格也然非可推行專制政體之下專制之君主素萬能之經猷六合之大四海之廣一人之心思智慮措置謀畫自可愼密周詳唯爾有衆不必越俎代謀爲帝王憂此由來君主之遺傳性況中國政府方進行束縛壓制國民尤恐時爲予毒敢以國務一部分讓之平民也即試辨地坊自治之詔屢下不過招養般政府官吏之走狗頤使氣指作箕斂籔取之鄉導而已果寔行地方自治則敎育警察訴訟錢穀諸權公共團體內有辦理調處之權力而政府不得强制妨害今政府能服從是條例否姑不具論第行地方自治則凡與人民有直接間接關系利害者公共團體者自不得不有維持扶助之義務今四交多壘事變百出如某省礦產某省鐵路政府非斷送日法或斷送英俄德不可公共團體者起而爭之乎默焉以息乎如默焉以息不必有此

團體如起而反對則政府必加以暴動不軌之名羗軍之南下厥鑒不遠是地方自治洵救國元劑而進行專制政府之下愈地方自治政府之防禦吾民也亦愈力積極之團體與積極之專制相遇衝突勢所不免夫公共團體與統治機關衝突無第三者之排解積必訴之兵力則法蘭西三次革命其禍源胥於是伏況吾輩主張地方自治原欲調和兩大之間使其權力稍爲均平俟亡國滅種之禍稍息徐而再圖救國之方而試一環顧列强均勢之局與今政府措置之方則破巢之下決無完卵一首兩面之技掚絡難支持收拾國運於終局惟寔行革改容或有幾希之望故吾對於要求開國會者及講地方自治者特奉一名詞曰奴隸會奴隸自治而已嗟夫同胞余今有一策焉欲自治獨立非推倒列强之假設之政府不可欲推倒列强之假設之政府非訴之鐵血不可以要求政府之能力變爲要求各省之能力以講地自治之問題移成聯絡各省之問題士與士聯商與商聯工與工聯或罷市示威抗稅運動衆心如一可貫金石豈悞專制之政府耶如此推行豈僅立憲可得而民主共和可操預劵嗚虖大造茫茫總歸無有人生孰無死貴得死所耳

論文章之意義暨其使命因及中國近來論文之失（承前）

獨應

世之言文章使命者說復尨雜無異前之意義蓋其觀察之指各趨殊涂造端旣分其竟自異其視文章之體各有淺深則言議其用亦即準此非言之雜糅正事有相因者也吾國論文久相沿拊非以文章爲猥瑣之藝則或比之經緯區宇彌綸憲彝天下至文必歸名敎說之不衷姑不具論遠若徵之英美諸邦異義紛披亦多偏解賞析之旨卒莫可詳也則如宏德氏言世人視文章爲物要亦渾茫無所止歸說非失之偏陂即或淺薄膚庸不中於程無以慊人意焉總其旨要大要可得四宗（一）其有士人落托賣文爲生活者或遂以文章爲生計之具如吾國謂筆耕是爾如英之斯賓塞（十六世紀詩人）特勒覃約翰孫美之普勒斯各德朗法邏霍孫諸氏皆嘗以文字爲生涯而世之文人亦自視文章有如恆業與懸壺賣卜之道竝不過藉是以得多貲次者或視若商工其執筆也不啻製作道具以待沽市中否亦與握籌列肆類耳顧

其言之繆不待煩解蓋文章者非乞食之學也人故有勞力得資而託其介於文書故非文章爲職在易升斗以養生也此其理至淺者也(二)人又謂文章爲物乃著者用以成名者也（新世紀十五、默子與人書、即具此種意見、彼勸人棄捨爲大文豪之心、又以文章爲容悦之賤技、雖所見不廣、自生障蔽、一言不智也、惜夫、）書物之作無間文詩皆不過一中塵耳著者以是中塵乃得展其雄圖收天下之榮譽言其主動故在一身之名他事悉無與焉是則文章爲職初無異前之所言特一以求利一在得名耳好名之病文人所同彌耳敦所謂偉大意志最後之通病是已一與於此將終生勞勞悉爲之役得失所係有成心焉斯其文品卑瑣莫得盡意固也且著作因緣悉爲名故與希勒石圖形之熱中者何殊雖有文章猶之雉贅於已無與更何與於人世亦胡重有此文章手以上二者可綜而一之曰名利之文中國制藝即當其選降而愈下者爾昔人有言敲門磚者正是中塵之謂非正義之文章也文旣莫與於藝林更何言其用耶(三)有別說焉其義亦正而爲衆所可認者謂著作極致在怡悦讀者令得與趣有美感也理固純定亦爲文章所當有事第復失於偏未能圓滿美致之說上已及之此僅爲文章之一枝未可即該全體如在詩歌韻律之作猶爲副因散文益在其次若文章爲用唯觀聽之娛則其流甚易入於純藝派吾國素目說部爲閑書惟供茶餘酒醒之消遣而猥鄙之作亦即乘此而興輕視之漸其品益下則猶不如藝術末流雖或不中尙本學理而來未至如是之濫惡也(四)有謂文章絕端在於自白著者因文載紀其感情思慮以自表現是也德國神學者須賴摩海 Schleiermacher 嘗云已若能自道便沒世無恨審是則著作之士不過自表其人格之人而文章爲物極言之亦僅一卷自叙傳而止雖所涉及於神明一方視他說已有進而不免仍偏於私將以文章爲一人之物藉以見作者之情狀而外此即無餘蘊焉則與僅爲聲名利祿計者何有深別皆不過託文章之能事以爲一己役者耳其不能指爲文職也固宜夫古來文字一涂情態萬變試就著作之林索其本事則文章使命亦至不齊凡是四者無不具有此固昭然之事實也第天下事之所能有非遂爲理之所必然使持此四端以括一切文章之職固無不可特由是而觀則文章者良小道耳將何以與於世界生力之一而爲人生文化之因子乎夫文章影響旣統被於人生則即果證因當立悟其使命所寄必非是區區者而止宏德

氏乃綜列情實立四項爲文章使命一曰在裁鑄高義鴻思彙合闡發之也二曰在闡釋時代精神的然無誤也三曰在闡釋人情以示世也四曰在發揚神思趣人心以進於高尚也今依四義試復爲敷釋之如下

一文章使命在裁鑄高義鴻思彙合闡發之也淺言之所謂言中有物第重者在靈智之思又必獨立不羈得盡其意而後可凡庸凡瑣屑之作或模擬肖似有類襲於他人皆所弗貴作者於此當自立不倚唯一以己意爲衡鴻思所得有甚欲告語於人間而文章因以有造如亞楙孫所謂必能思之士又能鎔裁其思以應人求而適於高上之趣者是已文人如是其文亦然善者當有鴻思高義涵組其間博大精深有以成文章之氣力光華使之不朽且與文章相融息息皆通如同血脈令讀之者得聞妙理豁然貫通飲其心靈如渴得漿飢得食也如是至文有但諦 Dante 之神曲鄂謨 Homer 之二大史詩及狹斯丕爾 Shakespeare 之悲劇等而宏氏於英國近世文章尤極讚丁尼孫 Tennyson 氏長詩 Inmemmorian 一章以爲玄崇博大極人天之秘義狹斯丕爾之獨爲文宗亦正以此故文之首務在集彙精義傳

諸人心助之進於靈明之域特所以載此義者又取諸文而無與於學術故培庚格致新機之異於論文小集不爲文章者非以獨缺義旨莫與於此也正緣一爲文章之文一爲哲學之文耳雖然文必有待於涵意斯乃謂爲不虛固也第若罔然遂以是爲敎訓之事合文字於敎法則其惑又彌甚矣狥是以行將使天下文士盡爲聖人立言而後已轅軛之下更何高義鴻思之有乎

二文章使命在闡釋時代精神的然無誤也今就文章以觀時代精神可得二涂一曰合一曰分合者何謂總合全體溯其歷來影響以一國文章爲一物而合觀之是也分者何謂特致詳於一時期覘其現象考察當時國民生活之感應是也如學者治英國文章究其影響可合而觀之起自屈塞 Chaucer 以至丁尼孫或分之爲亞理查白維多利亞諸期雖然分合之異影響固無大殊蓋二者本一文章闡發時代精神或就國民史上特一時期或循發達之迹自始以至末皆無有異第其文章繼續歷時益久而中無過不及之弊則亦愈益足代表精神而其品爲至試觀各國文史見中有所謂黃金時代者是爲文章極盛之時而推其理由則無弗緣當時著者

善能取致當世精神與社會形象而闡釋之故文風忽進特形發達如羅馬之有奧古斯德一時其著者已若及衰微之時文字亦以不競非文之溺職也時代如是文章亦如是而已雖然文士非無責焉蓋世運式微之際所有藉於文人者在能暴露時世神情譴責羣衆以謀改造無取乎漠然坐視或負一世之名遂以自足也大凡一國時遇澆季民氣雖漓亦必有少數明哲排衆獨起爲國人指導强之改進者評隲之士或稱文章爲社會之力正此之云如英國屈塞歿後摩洛利 Maroly 加斯敦 Caxton 皆其人也若在中古則有安迭生 Addison 斯諦爾 Steele 其描摹世風而訕呵之者尤至斯威佛德 Swifft 之格利佛游記 Gnlliver's travels 亦成是時憤世疾俗至以人世庸行託之耶呼 Yahoo 其孤憤爲何如正可爲前言之證者矣

三文章使命在闡釋人情以示世也此與上一節正相近屬發表人生裏面的生活蓋文章主觀的責任也由是言之則文章猶心靈之學其責在表示意志心思良知自性以供研究又務寫人世悲歡罪苦得失榮辱之故而於善惡莫不推之至極故

文章之難在得巨匠白描人生留之楮墨其事非凡夫所能至亦非佔畢之徒或老於世故者所可爲唯眞藝士慧解徧知而具誠意朗鑒人事之微無有偏迬者乃足任之耳文章中有數種其職任所在專重於此者如傳奇說部諷刺滑稽是也凡在此中闡發人情實爲主動傳奇喜劇 Comedy 一種爲最著古人有言天地一大戲塲世人皆俳優耳傳奇作者不啻丹青之師以筆墨寫照代丹鉛槧鏨之用也說部亦爾如英之迭庚斯 Dickens 愛利阿德 Eliot 法之於咢 Hugo（舊譯囂俄）仲馬 Duma 淑拉 Zola 諸作靡不可以窺人生之秘夫以人間情狀藉文人之目持平觀察鑄爲鴻文因以布示於人人此說部目的之所在與傳奇同者也又如諷刺滑稽其分類頗多而所以形容隱微者亦至或爲暗指或爲明彈令人讀之如對明鏡不能諱掩僅有反躬自笑而已故此數者足以不朽而流行又至溥者正緣務寫人情而人情變態復無窮已隨刼變遷各各殊相第能掇拾斯取材已莫盡矣事之善者著之惡者亦未嘗晦蓋人情者有生之所同然更何自諱之有無取乎掩天下之惡以粉飾太平而阻改革之機爲也且非特阻之其作僞亦甚矣

四、文章使命在發揚神思趣人生以進於高尚也珂爾埵普著英國詩史有言曰吾人之有待於天才者欲其造化神明之思而發揚之也英國尙質唯實藝之崇傾向偏流已深中於國民之心意即在歌曲體裁猶以人工製作爲大好自士夫學子以至藝苑文林之聲莫不函此凡氣雖推之云云哲學文章結搆組造亦多平板如吸噱之已絕也者英國人士殆竟弗喻詩者存於兩間以吐神明之大法者也珂氏所言正可用之文章全體宏德所謂處今日商工之世百物皆備所希者獨冀文章有超凡之觀神思發現以別異於功利有形之物事耳雖然此意有不可與第一義所言溷者蓋文章之職固當闡發義旨而今之所重乃在神思且二者不可或離高義鴻思之作自非思入神明脫絕凡軌不能有造凡云義旨而不自此出則區區敎令之屬甯得入文章以留後世也文章之別需乎此正自有故以有此思而後意象化生自入虛靈不滯於物且知文字尊嚴任負之所在則其治之也自將意以出不爲苟作弗至縈情利名甘自束其心思爲干時之計而妄無理識將執一筆假名敎之餘義驅除旁解爲朝廷立大勳者其亦將不作歟蓋志氣淸明則諸惑自袪自緜之

心有非惡世炎威所能牽者也

上來所說文章使命大較已畢合以前言意義乃爲具體天下至文皆當如是雖然吾爲此言故非偏執一說奉爲臬極持以量文章求全責備必悉合於是而後可也亦不過姑建此解爲理想文章之象韓非有言人希見生象而得死象之骨案其圖以想其生然則至文不可多見聊以此爲之象圖耳天下之文浩何所極才性異區文詞繁詭欲爲品別斯信難矣第且主一說焉以爲吾心之的則讀書自易而不至隨波逐流意爲謬解有如囈譫爲大方笑也今如讀一書即可以前言爲倚文具全德固爲至矣或有數德合於義者其文亦爲可取即不然而異采殊華超軼塵俗則亦可也若其畔離吾則不有文德或顚昏鄙野之詞殄采絕情之作皆所弗取而桎梏思想希補皇猷所謂經世之業者尤必斥之雖文章義有弘隘說各殊分而夭閼精神斯與文即不兩立其宜見擯於藝林夫何竢於繁解歟吾取宏氏之說意主持平頗不欲故就新奇致迕衆目不過冀國人知文章爲物有如此象不至爲俗說所熒有岐路之戚而已若其異日能飈發奮進文運革新然後更究深微以大有造於

吾國未可知也今於此篇非以是區區淺說劃爲樊界第邇日芻言雜出外道朋興因進一言冀挽其敝猶決水潰隄橫流氾濫有一草一葦聊爲援手雖或勿勝亦情所不能自已耳是則吾述此篇之意也下此更將掇取近來論文之說。匡正其失豈不好默爲其惑世爾。

吾國之昧於文章意義也不始今日古者以文章爲經世之業上宗典經非足以弼教輔治者莫與於此歷世因陳流乃益大論文之士言不敢失常軌其承之也固宜梁時劉舍人。以特達之才。獨乃彌綸羣言。著文心雕龍十卷賞析所得。或極微妙。爲世希有正吾國論文之最勝者特終沈溺前說。發端原道。次以徵聖宗經。終以大易之數。爲篇五十。序言夜夢執丹漆之禮器隨仲尼而南行。因爲此書。謀以敷讚聖旨且謂惟文章之用。實經典枝條五禮資之以成。六典因之致用。君臣所以炳煥。軍國所以昭明則雖彥和哲人。猶不免此而下者何責耶降及近世其說益譌或且併其名義而亦昧之譬北谷之民。終生不見花木。雖極意擬測之。不可得也。今乃使爲人言花木之狀。斯當於實者幾何。吾讀近人文論。見中國文學之概觀一篇。其言文章。初既併諸一切文書。繼復分爲二物。謂偏重各國文言妨國文。重各種科學則妨國學。此望文生義。甚費解者也。後復言維新之士。心醉東西洋之文學。襲取其唾餘。轉相則傚彼國極粗淺之一名一詞。無不驚爲至寶。(下畧)若準斯語。則文章又不啻止於話言。其治之也極易。然各國學術專名多用拉丁語矣。不聞即能稱動植學子。心醉羅馬文學也。又或有文曰文學上之美術觀。雖未得見。而竊疑之。將謂文章之中。有美術價值耶。是固然矣。第就名字推之。如言以文學觀美術焉者。夫文章可屬之美術。而不能以統美術。則即標目一言。猶有巨謬在也。更有箸中國文學史者。褎然鴻製。爲書十六篇。二百八十八章。總十萬言。言非不多。特有類堆垛而無條理。讀書終卷。終莫明文章爲何物。上論作文用字修詞之法。可以不言。及七篇而後始入文章。而論又止於文體。竊爲總合而測之。則其文章意見。蓋在第四篇。其目曰古以治化爲文。今以詞章爲文。關於世運之升降。中謂治化出於禮。詞章出於詩。孔子之敎子也。以學禮學詩並重焉。詩歌之作。傳爲文學。禮官之守。發爲政事。學而後入政。(下畧)又曰。後漢列文苑者二十二人。皆詞章之學也。其去雲臺勳貴。以治化爲德業者何遠乎準之上說則文學及不能離治化而獨存如其爾者便爲詞章而有忝於文學然則唯簿書案牘寄治化於文字始眞文學耳（原書六篇十六章、言治事之文、自殊批上論以至詞狀、皆有用文也、正與此言相合）支離蒙憒於文學之義且未明更何論夫史雖篇爲起訖以仿紀事本末章必列題以仿通鑑綱目亦安見遂能進於史列乎在端其本而已矣

夫一國文章發達語其原始變遷之迹必與其史實相緣以自成一系而對於文章之意見亦有其獨殊者如吾國文風陷爲此狀所以獨亞於他國而希更始之機者正以唯吾國有孔子故此其理上已言之矣蓋自孔子定經而後遂束思想於一縛而文藝之作靡不以潤色鴻業宣布皇猷爲用所謂爲一人者也比暮氣之深又被新流所蕩則勢自不可不變以自捄於衰微雖舊澤流傳其來者遠而鏡以新思謬無可諱斯更張之義非出偏私也如今言文章亦第論文而已奚更牽纏舊惑言治化爲吾觀梵文章史稱利俱吠陀 Rigveda 者以其爲詩非爲教宗讚頌而崇之也希伯來文章之有舊約亞刺伯文章之有哥蘭理皆視此論文之義應爾也吾人讀書如以典誥風詩爲文章而學治之則可豈爲其聖人之書耶即文以爲斷而於人

人事何與焉今中國文學史言必宗聖第六篇發端曰語文者說亦多矣羣言淆亂衷諸聖。當必以周孔之語爲歸。故其論風詩唯以刪定爲準則。一則曰王柏知奮筆於宣聖刪訂之後。爲公議所不容。乃歸於漢人之竄入。（見淫詩辯正章）再則曰國風列於經部。楚澤離騷經。獨不能列於經部者何耶。未經孔子刪定而後人不敢也。夫評騭文章。唯準刪斷固已異矣且又斷斷爲離騷爭經部之位置言益不可解矣其論曰楚辭雖不足以進於經猶足以自成一子。楚辭爲諸子中有韻之文。猶風雅爲羣經中有韻之文也。列屈子於子部。固得其所矣否則降老子於集部曰老子文集降莊子於集部曰莊子文集。始足以與屈子並列也。況屈賈同傳。千古定論賈誼新書已列於子部。而屈子離騷乃儕於後人磃磃之文集耶。（下畧）夫經史子集之目不過昔時分類所立何足遂爲文品之定評更奚爭之有且離騷爲文純爲詩體彼言諸子中有韻之文不知正無韻之詩耳以理言之當與刪賸風詩以及一切詩賦傳奇歌曲同歸詩類方得其所何必降老莊爲之慰藉至屈賈同傳徒形迹之似耳新書之與離騷漠然不能相比三尺之子且知之矣文學史前言管子創法學通論之文體老子創哲學家衛生家之文體。商君書創變法條陳之文體。著者於此諸家。究其體裁。無微不至。而獨不知靈均之作。文辭麗雅。爲詞賦之宗乎。使不本新意以論離騷。則吾於摘埴塗坿之文。無甯獨就古義。抽取彥和辨騷一篇。雖其言不免於宗經。故猶爲解人也。

復次論文之失。更有其二。則耿介於程器是也。周書論士。方之梓材。蓋貴器用而兼文采也。是以樸斲成而丹雘施。垣墉立而雕墁附。古今見地。初不有異。中國文學概觀中論戰國之文。斥宋玉景差之徒。詞華雖茂。而理想甚微。（意頗難明姑付闕疑）至漢三國時。則言匡衡劉向司馬遷之作。文行均符。班孟堅楊子雲司馬相如及曹劉潘陸諸人。文不逮行。雖研京鍊都。社會究無裨益也。又曰。建安七子。才華雖富。而文與行違。此誠有識之所惋惜者。異夫不文之論。而唯甄覈其行。將遂以人棄言歟。夫文人薄行。昔所喟歎。然濁世深文。易攖禮網。窮寃鬱抑。或長惡緣。劉舍人所謂王戎開國上秩。而鬻官囂俗。況馬杜之磬懸。丁路之貧薄哉。然子夏無虧於大儒。濬沖不塵乎竹林者。名崇而譏滅也。豈不然哉。今論者不務求直。唯呵譙之。且惜其無益於人羣。亦何以見其然耶。全唐詩話載溫飛卿忤宣宗於微行。謫方城尉。其制詞曰。孔門以德行爲先。文章爲末。爾既德行無取。文章何以稱焉。徒負不羈之才。罕有適時之用。殆即謂此。然此王者之言。應爾頗不爲論文之士取也。原論又曰。晉代惑於清淨寂滅之學說。揮塵貽譏。故其載道明德之言。鳳毛麟角。其論宋代曰。西銘易春秋傳序太極圖說。均係傳道之書。非僅得以文目之者。（下略）其稱揚極至。特不知彼亦正以傳道之書。不得與於文章耳。末評明文。謂王陽明所作。率多平直。未能變幻神奇。然於開化人羣。極爲簡易。是誠文學界之上上乘。則與文學史所言。西漢哀平之際。文有實用者。僅賈讓治河三策耳。其餘無足道也。又曰。其不切於事物者。則空談也。……雖有佳章。不切實用。故無取焉。諸語若合符節。雖然文章之職。寗在平易有實用開化人羣。極爲簡易。此證之上所已言。即得其旨。而載道明德之說。亦可因以勿作矣。要之中國文章。溷於士業。而儒者之衆。又統於一尊。故拘制多方。必使適於臣範而後止。猶西國之有景教。然第揭來彼土。闢論新思。浩然已作。精神興奮。人羣亦以改觀。而吾國席百世之舊。獨悠然坐忌。誠恐長此不悛。儒風扇虐。生民且有彫喪之懼。又

豈特文章之衰敝而已哉

上來所言第止過去若論現在則舊澤已衰新潮勿作文字之事日就式微近有譯箸說部爲之繼而本源未淸濁流如故其過在不以小說爲文章或以爲文章而仍昧於文章之義則惑於裨益社會別長謬見論者對於今時亦褒譏不一（甲）如中國國文學概觀曰迄於今世而外表內容之優良尤達極點近代文豪常援以自娛而傲睨東西者非以是耶又曰近今著作之林更遠超疇昔……變幻新奇別開生面實爲文學界中從古未有之特色論著也學說也譯學也詩詞也小說也劇本也各種雜體也……故文人傑出冠絕一時亦足以自豪已（乙）如中國文學史論元人文體爲詞曲說部所紊一章中云元之文格日卑不足比隆唐宋者更有故焉講學者既通用語錄文體而民間無學不識者流更演爲說部文體變亂陳壽三國志幾與正史相溷依託元稹會眞記遂成淫褻之詞日本笹川氏撰中國文學史以中國曾經禁燬之淫書悉數錄之不知雜劇院本傳奇之作不足比於古之虞初若載於風俗史猶可笹川載於中國文學史彼亦自亂其例耳況其臚列小說戲曲濫及明之

湯若士。近世之金聖歎。可見其識見汙下。與中國下等社會無異。而近日無識文人。乃譯新小說以誨淫盜。有王者起。必將戮其人而火其書乎。不究科學而究科學小說。果能裨益名智乎。是猶買櫝而還珠耳。吾不敢以風氣所趨。隨聲附和矣。斯二者一則高自讚揚。一則痛爲訶斥。褒貶雖殊。要皆世間希有之論也。學說譯學（逐譯之事亦不能稱學）之不爲文章可無待言。即如詩詞小說雖爲文屬。而謂以今所流行蕪陋之作。遂爲不腆。此不能無疑者也。不一借鏡於他國。而謂中國多文豪。足以傲睨東西。言雖姱美。實必不然矣。次如文學史所言。可分三步質之。(一)胡言乎元人文體爲說部詞曲所紊也。夫文章一語。雖總括文詩。而其間實分兩部。一爲純文章。或名之曰詩。而又分之爲二。曰吟式詩。中含詩賦詞曲傳奇。韻文也。曰讀式詩。爲說部之類。散文也。此他書記論狀諸屬。自爲一別。皆雜文章耳。中國文章發達。既異又前。無致意於文史之人。今欲搔爬而整治之。猶闢墾荒阡。業自非易。顧他即弗論。第於詞曲說部之即爲文章。胡可不知。如言元文。則二者正是。又安得別有文體爲所紊乎。後復言不知雜劇院本傳奇之作。不足比於古之虞初。夫虞初之作書且不傳。何從得其比校而知小說戲曲之信汙下也則深文不亦至耶(二)胡言乎譯新小說以誨淫盜也夫言己國之文惟憑側陋以變黑白斯已過矣更及耳目見聞之外重誣他國文章者又何說且小說之義莫與於誨其責之爲誨淫盜正無異或稱小說誨道德其不當情實一也俄國文家陀思妥夫斯奇 Dostoyevski 嘗論文章寫實曰幻莫如眞人生之眞其天下之至幻乎其言滋信居詭僞涼薄之世人心冥嶮萬惡畢具窮極幻化矣雖有清白之子第使觀摩於羣行安在不爲罪苦之種而何竢夫書媒乎且文學史亦言之矣曰溱洧笑謔樂而至於淫澤陂滂沱哀而至於傷雖不得比於關雎然考風問俗者必不能諱其惡也王柏刪淫詩飾惡之尤者也治以宋朝法律當與縣吏隱匿聲妓同罪是也顧既明於辯詩而獨昧於知此則甯仍以說部詞曲之士後聖人而生未經刪定而後人不敢歟(三)尤可駭者乃曰必將戮其人而火其書夫何仇之深也論文之士不愜於小說至不惜呼籲王者羅織文字之獄以興大僇亦有說乎吾聞波蘭俄國官司檢文類極嚴厲聽者或爲之不平顧尙尟以文網殺著作家者今論者坦然言之竊無以測其旨也比來日本警視廳嚴檢自然派小說、多禁止者、評騭之士、或反稱快、亦此類也近有人論科學與道德之關係者曰、人之大患在欲發達其思想」雖屬創聞之言亦近世長者之公意乎文學史又稱笹川氏自亂其例且曰可見其見識汙下與中國下等社會無異不知笹川雖外人所編之史即無心得猶不失爲體例完好而國人自箸文章史乃若是更有論希臘神話謂迷信可笑足以爲鑑者評隲他國文章又云爾爾一言不智其亦震旦國人之大恥也夫

以希臘神話爲迷信小說者其吾國獨得之見歟實用之說既深中於心不可復去忽見異書而不得解則姑牽合以爲之說耳故今言小說者莫不多立名色強比附於正大之名謂足以益世道人心爲治化之助說始於論小說與羣治之關係一篇別有人論之者曰夫立憲之國期於人人有自治心何以使心能自治則唯投其心之所好而治之斯又將以小說範人心代臥碑之用矣可姑無論夫小說爲物務在託意寫誠而足以移人情文章也亦藝術也欲言小說不可不知此義而今人有作或曰、此歷史小說吾將以之教歷史焉不知歷史小說乃小說之取材於歷史非歷史而披小說之衣也其在西國使文中虛實少有未調論者即目爲傳奇體史不可

謂小說吾國考古之學不與文獻荒廢古代情狀艱於取徵雖欲爲良小說勢不可得今唯排比史實遂爲之書則正中國文學史所謂變亂陳壽三國志幾與正史相溷欲取傳信良不如讀史矣此他科學教育諸色小說例皆眎此又有哲理小說人以於咢之死囚末日 Le Dernier jour d'un Condamne（中國譯本名曰鐵窗紅淚記）當之或以斯威佛德所箸格利佛遊記爲滑稽小說而易其名曰海外軒渠錄不知於咢之作描寫一罪囚待死之心情意在反對大辟之刑而斯氏遊記則爲其憤世疾俗使酒罵座之書滿懷怨恨於軒渠之名尤悖其意所寄多在第四篇（譯本僅第一二兩篇）法人泰納 Taine 作英國文章史極稱異其人方之火中宮闕愈見其美譯者初亦吾國通士奈何獨斷節之且不憚背其本旨以爲題名無亦在泥於歸類之過耶而愛國二童子傳序中則又痛哭流涕乞讀者之致力商工彼殆以是爲實業小說因寄其意乎手治文章而心儀功利矛盾奈何復次、又有言情小說一種或別之爲奇情俠情豔情諸分而於豔情一流最爲厲禁此無足怪也言其上者眼色之緣易生幻妄如洪罕女郎傳序所言幻妄之來不自外來以本有之心鏡收此五蟲萬怪使之爲幻妄也學者迷此自生障翳因宛轉哀鳴訴其悲恐下此者則懼其誨惡而疾之不知小說爲義非主誨示今遂溷諸勅狀之屬等以敎人爲務斯蔽見緣生所以痛惡於言情而倫理小說之聲亦即以滋長顧事理剌謬非唯莫達其旨徒增迷耳有譯雙孝子噗血酬恩記者以無君黨人溷於虛無論者情實旣迕言議尤惛夫虛無之論本於哲學唯物一派正中國所謂求誠之學其與政海波瀾初無係涉今妄爲周納而任情斥詈之縱有益於一人奈誠妄之道何哉其次通行小說復有冒險偵探二種頗爲一世歡迎雖然是第婦孺之讀物要不得謂文章蓋其采色濃重風味凡淺爲文章之下乘故言摩利森 A. Morrison 之文在委巷叢談 Tales of Meanstreets 而不在神樞鬼藏錄（一本作馬丁休脫偵探案）哈葛得 H. R. Haggard 之文在伊人 She 一書（舊有譯本曰長生術、多所刪節、夫本來面目矣）而不在蘇嚕諸記也大凡一國文風初革多先有此種流入逮漸以尙進則勢漸微如日本即其一例明治之初亦嘗風行今則幾於絕迹矣惟吾國尙嗜此不厭文章趣味正猶稚耳而輓今學者更有引畫墁瑣記分往古小說爲五時代者一曰口耳時代二曰竹簡時代三曰布帛時代四曰謄寫時代五曰棃棗時代又謂小說學原諸子有儒家道家法家名家陰陽縱横農家兵家小說諸種至以致坊記爲音樂家小說何其昧也今姑不引新詮以爲之解即如古說而論小說雖屬子部原自成一家安得與諸子儳合至後又言好用詩詞則爲詞章家之小說點綴寫情則爲美術家之小說是尤不可索解而其言之奇闢亦至矣夫小說者文章也亦藝術也使不先明乎此而率爾爲言其不失之毫釐差以千里者蓋幾希矣

吾言文章意義。暨其使命。下及吾國輓近論文之說。爲指其失。既述如上。今臨紙末。將更抒私見以告曰。夫文章者國民精神之所寄也精神而盛文章因即以發皇精神而衰文章亦足以補救故文章雖非實用而有遠功者也第吾國數千年來一統於儒思想拘囚文章委頓趣勢所兆隣於衰亡而實利所歸一人而已及於今日雖有新流繼起似易步趨而宿障牽連終歸惡化則無冀也有志之士生當今時見夫民窮國敝幡然思以改之因大息涕流言工商之不可緩顧知謀一身之飽溫遂不顧吾心之寒餓乎又或呼號保國言利權收回矣顧知寳守金帛而心靈桎梏遂不思解放乎從可知文章改革一言不識者雖以爲迂而實則中國切要之圖者此也夫其術無他亦惟奪之一人公諸萬姓而已文章一科後當別爲孤宗不爲他物所統又當擯儒者於門外俾不得復煽禍言因緣爲害而民聲所寄得盡其情旣所以啓新機亦卽以存古化以言箸作則今之所急又有二者曰民情之記 Tolk-novel 與奇觚之談 Marchen 是也蓋上者可以見一國民生之情狀而奇觚作用則關於童稚敎育至多謠歌俗曲粗視之瑣瑣如細物然而不知天籟所宣或有超軼小儒之箸述者文物使之然亦公私之故乎吾人治文當爲萬姓所公甯爲一人作役文章或革思想得舒國民精神進於微大此未來之冀也雖然前臨汒洋風濤無極實利靡人虛澆漫世則來日之事猶未可知耳姑懸吾說以爲大希可乎　（完）

科學史教篇

令飛

觀於今之世不瞿然者幾何人哉自然之力既聽命於人間收縱指揮如使其馬束以器械而使之交通貿遷利於前時雖高山大川無足沮核饑癘之害減教育之施全較以百祀前之社會改革蓋無烈於是也孰先驅是孰偕行是察其外狀雖不易於犂然而實則多緣科學之進步蓋科學者以其知識歷探自然見象之深微久之實成改革遂及於社會繼復流衍來濺遠東浸及震旦而洪流所向則尙浩蕩而未有止也觀其所發之强斯足測所蘊之厚知科學盛大决不緣於一朝索其眞源蓋遠在夫希臘既而中止幾一千年遞十七世紀中葉乃復决爲大川狀益汪洋流益曼衍無有斷絕以至今茲實益駢生人間生活之幸福悉以增進第相科學歷來發達之繩迹則勤劬艱苦之影在焉謂之教訓

希臘羅馬科學之盛殊不遜於藝文爾時大物有畢撒哥拉之生理音階亞理士多德之解剖氣象二學粨拉圖之諦妙斯篇 Timaeus 暨邦國篇廸穆克黎多之質

點論。至流質力學則昉於亞勒密提士。幾何則建於宥克立。械具學則成於希羅。此他學者猶不可盡。其亞歷山德大學。特稱學者淵藪。藏書至十萬餘卷。較以近時。蓋無媿色。而思想之偉妙。亦至足以震今。蓋爾時智者。實不僅啓上舉諸學之端而已。且運其思理。至於精微。冀直解宇宙之元質。德黎謂水。亞克希美那謂氣。希拉克黎多謂火。其說無當。固不俟言。華威爾嘗言其故曰。探自然必賴夫玄念。而希臘學者無有是。即有亦極微。蓋緣定此念之意義。非名學之助不爲功也。(中略)而爾時諸士。直欲以今日吾曹濫用之文字。解宇宙之玄紐而去之。然其精神。則毅然起叩古人所未知。擘索天然。不肯止於膚廓。方諸近世。直無優劣之可言。蓋世之評一時代歷史者。褒貶所加。輒不一致。設以其時人文所現。合之近今。得其差池。因生不滿。若自設爲古之一人。返其舊心。不思近世。平意求索。與之批評。則所論始云不妄。略有思理之士。無不然矣。若據此立言。則希臘學術之隆。爲至可褒而不可黜。其他亦然。世有哂神話爲迷信。斥古教爲謭陋者。胥自迷之徒耳。足憫諫也。蓋凡論往古人文。加之軒輊。必取他種人與是相當之時劫相所能至。而較量之。決論之出。斯近正耳。

惟張皇近世學說無不本之古人一切新聲胥爲紹述則意之所執與蟣古亦相同蓋神思一端雖古之勝今非無前例而學則構思驗實必與時代之進而俱升古所未知後無可媿且亦無庸諱也昔英人設水道於天竺其國人惡而拒之有謂水道本創自天竺古賢久而術失白人不過竊取而更新之者水道始大行舊國竺古之餘每至不惜於自欺如是震旦死抱國粹之士作此說者最多一若今之學術藝文皆我數千載前所已具不知意之所在將如天竺造說之人聊弄術以入新學抑誠尸祝往時視爲全能而不可越也雖然非是不協不聽之社會亦有罪焉已

希臘既苓落羅馬亦衰而亞刺伯人繼起受學於那思得理亞與僦思人翻譯詮釋之業大盛眩其新異妄信以生於是科學之觀念漠然而進步亦遂止蓋希臘羅馬之科學在探未知而亞刺伯之科學在摸前有故以註疏易徵驗以評隲代會通博覽之風興而發見之事少宇宙見象在當時乃又神祕而不可測矣懷念既然所學以妄科學隱幻術興天學不昌占星代起所謂點金通幽之術皆以昉也顧亦有不可貶者爲爾時學士非嬾散而無爲精神之弛因入退守徒以方術之誤結果乃止

於無功至所致力固有足以驚嘆如當時回教新立政事學術相輔而蒸可爾特跋暨巴格達德之二帝對峙東西競導希臘羅馬之學傳之其國又好讀亞理士多德與柏拉圖書而學校亦林立以治文理數理愛智質學及醫藥之事質學有醇酒硝硫酸之發明數學有代數三角之進步又復設度測地以擺計時星表之作亦始此頃其學術之盛蓋幾世界之中樞矣而景教子弟復多出入於日斯巴尼亞之學校取亞刺伯科學而傳諸宗邦景教國之學術爲之一振遞十一世紀始衰微也赫胥黎作十九世紀後葉科學進步志論之曰中世學校咸以天文幾何算術音樂爲高等教育之四分科學者非知其一不足稱有適當之教育今不遇此吾徒耻之此其言表與震旦謀新之士大呺興學者若同特中之所指乃理論科學居其三非此之重有形應用科學而又其方術者所可取以自涂澤其說者也

時亞刺伯雖如是而景教諸國則於科學無發揚且不獨不發揚之而已又進而擯斥夭閼之謂人之最可貴者無踰於道德上之義務與宗教上之希望苟致力於科學斯謬用其所能有羅克坦諦 Lactantius 者彼教之能者也嘗曰探萬彙之原因

問大地之動定。談月表之隆陷。究星辰之懸屬。攷成天之質分。而焦心苦思於此諸問耑者。猶絜陳未見之國都。其愚爲不可幾及。賢者如是。庸俗可知。科學之光。遂以黯澹。顧大勢如是。究亦不起於無因。準丁達爾言。則以其時羅馬及他國之都。道德無不頹廢。景教適以時起。宣福音於平人。制非極嚴。不足以矯俗。故宗徒之遘害雖多。而終得以制勝。惟心意之受嬰久。斯痕迹之漫漶也難。於是雖奉爲靈糧之聖文。亦以供科學之判決。見象如是。夫何進步之可期乎。至厥後教會與列國政府間之衝突。亦於學究之受妨與有力也。由是觀之。可知人間教育諸科。每不即於中道。甲張則乙弛。乙盛則甲衰。迭代往來。不有其極。如希臘羅馬之科學。以極盛稱。迨亞剌伯學者興。則一歸於學古。景教諸國。則建至嚴之教。爲德育本根。知識之不絕者如綫。特以世事反復。時勢遷流。終乃屹然更興。蒸蒸以至今日。所謂世界不直進。常曲折如螺旋。大波小波。起伏萬狀。進退久之。而達水裔。蓋誠言哉。且此又不獨知識與道德爲然也。即科學與美藝之關係亦然。歐州中世。畫事各有原則。迨科學進。又益以他因。而美術爲之中落。迨復遵守。則輓近事耳。惟此消長。論者亦無利害之可言。

蓋中世宗教暴起壓抑科學事或足以震驚而社會精神乃於此不無洗滌薰染陶冶亦胎嘉葩二千年來其色益顯或爲路德或爲克靈威爾爲彌耳敦爲華盛頓爲嘉來勒後世瞻思其業將孰謂之不偉歟此其成果以償沮遏科學之失綽然有餘裕也蓋無間教宗學術美藝文章均人間曼衍之要旨定其孰要今茲未能惟若眩至顯之實利摹至膚之方術則準史實所垂當反本心而獲惡果可決論而已此何以故則以如是種人之立通文明政事二史而未有見也

迄今所述止於昏黃若去而求明星於爾時則亦有可言者一二如十二世紀有摩格那思 A. Magnus 十二世紀有洛及培庚 Roger Bacon（生一二一四年中國所習聞者生十六世紀與此異）嘗作書論失學之故畫恢復之策中多名言至足稱述然其見知於世去今方百餘年耳書首舉失學元因凡四曰摹古曰僞智曰泥於習曰惑於常近世華惠爾亦論之籍當時見象統歸四因與培庚言殊異因一曰思不堅二曰卑瑣三曰不假之性四曰熱中之性且多援例以實之丁達爾後出於第四因有違言謂熱中妨學蓋指腦之弱者耳若其誠强乃反足以助學科學者曩所發見必不多此非智力衰也正坐

熱中之性漸微故。故人有謂知識的事業。當與道德力分者。此其說爲不眞。使識脫是力之鞭策而惟知識之依。則所營爲特可憫者耳。發見之故此其一也。今更進究發見之深因。則尤有大於此者。蓋科學發見。常受超科學之力。易語以釋之。亦可曰非科學的理想之感動。古今知名之士。槩如是矣。闌喀曰。孰輔相人而使得至眞之知識乎。不爲眞者。不爲可知者。蓋理想耳。此足據爲鐵證者也。英之赫胥黎則謂發見本於聖覺。不與人之能力關。如是聖覺。即名曰眞理發見者。有此覺而中才亦成宏功。無如此覺。則雖天縱之才。事亦終於不集。說亦至深切而可聽也。蒂勒那爾以力數學之研究有名。嘗柬其友曰。名譽之心。去已久矣。吾今所爲。不以令譽。特以吾意之嘉受耳。其恬澹如是。且發見之譽大矣。而威累司遜其成就於達爾文。本生付其勤劬於吉息霍甫。其謙遜又如是。故科學者。必常恬淡。常遜讓。有理想。有聖覺。一切無有而能貽業績於後世者。未之有聞。即其他事業。亦胥如此矣。若曰。此累葉之言。皆空虛而無當於實歟。則曰。然亦近世實益增進之母耳。此述其母。爲厥子故。即以慰之。

前此黑暗出中雖有圖復古之一二偉人出而終不能如所期東方之光蓋實作於十五六兩世紀頃惟苓落既久思想大荒雖冀履前人之舊跡亦不可以猝得故直近十七世紀中葉人始誠聞夫曉聲回顧其前則歌白尼首出說太陽系。克普黎行星運動之法繼之。此他有格里累阿於星力二學多所發明。又善導人使事斯學。後復有思迭維那之機械學。吉勒良德之磁學。赫維之生象學。法朗西意使利諸國學校。則解剖之學大盛。科學協會亦始立。意之林舍亞克特美 Academie die dyncei。即科學研究之聚也。事業之盛。足驚嘆矣。夫氣運所趣既如此。則桀士自以竺生。故英則有法朗希思培庚。法則有特嘉爾。

培庚 F. Bacon (1567－1626) 箸書序古來科學之進步。與何以達其主的之法。曰格致新機。雖後之結果。不如箸者所希。而平議其業。決不可云不偉。惟中所張主。爲循序內籀之術。而不更云徵驗。後以是多訝之。顧培庚之時。學風至異。得一二瑣末之事實。輒視爲大法之前因。培庚思矯其俗。勢自不得不斥前古懸擬誇大之風。而一偏於內籀。則其不崇外籀之事。固非得已矣。況此又特末之語耳。察其思惟亦非偏廢氏所述理自然見象者凡二法初由經驗而入公論次更由公論而入新經驗故其言曰事物之成以手乎抑以心乎此不完於一必有機械而輔以其他乃以具足焉蓋事業者成以手亦賴夫心者也觀於此言則新機論第二分中當必有言外籀者然其第二分未行世也顧由是而培庚之術爲不完凡所張皇僅至具足內籀而止內籀之具足者不爲人所能其所成就亦無逾於實歷就實歷而探新理且更進而窺宇宙之大法學者難之況懸擬雖培庚所不喜而今日之有大勢於科學致諸盛大之域者實多懸擬爲之乎然其說之偏於一方視爲匡世之術可耳無深難也後斯人幾三十年有特嘉爾 R. Dercartes (1546－1650) 生於法以數學名近世哲學之基亦賴以立嘗屹然出尊疑之大潮信眞理之有在於是專心一志求基礎於意識覓方術於數理其言有曰治幾何者能以至簡之名理會解定理之繁多吾因悟凡人智以內事亦咸得以如是法解若不以不眞者爲眞而履當履之道則事之不成物之不解者將無有矣故其哲理蓋全本外籀而成擴而用之即以馭科學所謂由因入果非自果導因爲其著哲學要義中所自述亦特嘉爾方術之本

根。思理之樞機也。至其方術。則論者亦謂之不完。奉而不貳。弊弗殊於偏倚。培庚之內籀。惟於過重經驗者可爲捄正之用而已。若研學中庸。則偏於培庚之內籀者固非。而篤於特嘉爾之外籀者亦不云是。二術俱用。眞理始昭。而科學之有今日。亦實以有會二術而爲之者故。如格里累阿。如赫維。如波爾。如奈端。皆偏內籀不如培庚。守外籀不如特嘉爾。卓然獨立。居中道而經營之者也。培庚生時。於國民之富有。與實踐之結果。企望極堅。越百年。科學益進。而事乃不如其意。奈端發見至卓。特嘉爾數理亦至精。而世人所得。僅腦海之富而止。國之安舒。生之樂易。未能獲也。他若波爾立質力二學驗實之法。巴斯加耳暨多烈舍黎測大氣之量。摩勒畢奇等精擘官品之理。而工業如故。交通未良。丱事不有所進。惟以機械學之結果。始見極犳之時辰表而已。至十八世紀中葉。英法德意諸國科學之士輩出。質學生學地學之進步。燦然可觀。惟所以福社會者奈何。則論者尚難於置對。迨醞釀既久。實益乃昭。當同世紀末葉。其效忽大著。舉工業之械具元材。植物之滋殖繁養。動物之畜牧改良。無不蒙科學之澤。所謂十九世紀之物質文明。亦即胚胎於是時矣。洪波浩然。精神亦以振國民風氣因而一新顧治科學之桀士則不以是嬰心也如前所言蓋僅以知眞理爲惟一之儀的浩腦海之波瀾掃學區之荒穢因舉其身心時力日探自然之大法而已爾時之科學名家無不如是如哈息爾暨拉布拉之於星學揚俱暨弗勒那爾之於光學歐思第德之於化學蘭摩克之於生學迭亢陀耳之於植物學威那之於丱物學哈敦之於地學瓦特之於機械學其尤著者也試察所儀豈在實利哉然防火鐙作矣汽機始矣丱術興矣而社會之耳目乃專震於此點日日頌當前之結果於學者獨恝然而置之倒果爲因莫甚於此欲以求進殆無異鼓鞭於馬勒歟夫安得如所期特謂惟科學足以生實業者實業更無利於科學人皆慕科學之榮則又不如是矣社會之事繁分業之要起人自不得不有所專相互以援於之兩進故實業之蒙益於科學者固多而科學得實業之助者亦非鮮今試置身於野人之中顯鏡術機不竢言即醇酒玻璃亦不可致則科學者將何如僅得運其思理而已思理孤運此雅典暨亞歷山德府科學之所以中衰也事多共其悲喜蓋亦誠言夫

故震他國之强大慄然自危興業振兵之說日騰於口者外狀固若成然覺矣按其實則僅眩於當前之物而未得其眞諦夫歐人之來最眩人者固莫前舉二事若然此亦非本而特葩耳尋其根源深無底極一隅之學夫何力焉顧論者亦非謂人必以科學爲先務待其結果之成始以振兵興業也特信進步有序曼衍有源慮舉國惟枝葉之求而無一二士尋其本則有源日長逐末者將立撥耳居今之世不與古同尊實利可摹方術亦可而有弗爲大潮所漂泛屹然當橫流如古賢人能播將來之佳果於今茲移有根之福祉於宗國者亦不能不要求於社會且亦當爲社會要求者矣丁達爾不云乎止着目於外物或但以政事之感而誤凡事之眞者每謂邦國安危一繫於政治之思想顧至公之歷史則立證其不然夫法之有今日也寧有他因耶。特以科學之長勝他國耳。千七百九十二年之變。全歐囂然爭執干戈以攻法國聯軍伺其外。內訌興於中。武庫空虛。戰士多死。既不能以疲卒當銳兵。而又無糧以濟守者。武人撫劍而視太空。政家飲淚而悲來日。束手唧恨竢天運矣。而時之振作其國人者何人。震怖其外敵者又何人。曰科學也。其時學者無不盡其心力竭其智能見兵士不足則補以發明。武具不足則補以發明。當防守之頃。即知有科學者在而後之戰勝必矣。然此猶可曰丁達爾自治科學。因阿所好而立言耳。然證以阿羅戈之所載書。乃益明其不妄。書所記曰。時公會徵九十萬人。蓋禦外敵之四集。實非此不勝用爾。而人不如數。衆乃大懼。加以武庫久空。戰備不足。故目前之急。有非人力所能救者。蓋時所必要。首爲彈藥。而元材硝石。往悉來自印度。至此時遂窮。次爲槍礮。而法地產銅不多。必仰俄英印度之給。至今亦絕。三爲鋼鐵。然平日亦取諸外國。製造之術。無知之者。於是行最後之策。集通國學者。開會議之。其最要而最難得者爲火藥。政不使者皆知不能成。嘆曰。硝石安在。聲未絕。學者孟耆即起曰。有之。至適當之地。如馬廄土倉中。有硝石無量。爲汝所夢想不到者。氏稟天才。加以知識。愛國出於至誠。乃睥睨闔室曰。吾能集其土爲之。不越三日。火藥就矣。於是以至簡之法。曉諭國中。老弱婦稚。悉能製造。俄頃間全法國如大工廠也。此外有質學家。以法化分鐘銅。用作武器。而鍊鐵新法。亦昉是時。凡鑄刀劍鎗械。無不可用。國產柔皮術。亦不日竟成。製履之韋。因以不匱。爾時所稱異之氣球。暨空氣中之電報。亦均改良擴張用之爭戰前者即摩洛將軍乘之探敵陣得其情實因制殊勝者也丁達爾乃論曰法國爾時實生二物曰科學與愛國其至有力者爲孟耆與加爾諾與有力者爲孚勒克洛穆勒惠暨巴列克黎之徒大業之成此其樞紐故科學者神聖之光照世界者也可以遏末流而生感動時泰則爲人性之光時危則由其靈感生整理者如加爾諾生強者強於拿破崙之戰將云今試總觀前例本根之要洞然可無贅言蓋末雖亦能燦爛於一時而所宅不堅頃刻可以蕉萃儲能於初始長久耳顧猶有不可忽者爲當防社會入於偏日趨而之一極精神漸失則破滅亦隨之蓋使舉世惟知識之崇人生必大歸於枯寂如是既久則美上之感情漓明敏之思想失所謂科學亦同趣於無有矣故人羣所當希冀要求者不惟奈端已也亦希詩人如狹斯丕爾不惟波爾亦希畫師如洛菲兒既有康德亦必有樂人如培得訶芬既有達爾文亦必有文家如嘉來勒凡此者皆所以致人性於全不使之偏倚因以見今日之文明者也嗟夫彼人文史實之所垂示固如是已

（畢）

斯賓塞爾學案

歐西學術之興希臘迄今幾三千祺其間碩學鉅儒獨標精義者群若竿蔗更僕難終然求其綜合百家之言風斯奕世者得三人焉一曰亞利司多德耳(Aristole)一曰康德(Kaut)又其一則斯賓塞爾氏也斯氏博學多聞其代表十九世紀英國學者其勢力決不遜於康德代表十八世紀德國之哲學也二氏學風雖各趣其異若終其身以學自任不染指於世俗之富貴利達則二氏同私行高潔著述之功志而不輟則二氏同一則隱居栢林一則晏處倫敦不好交游殫精典籍則二氏同終其身爲平淡著述之生涯無大富貴亦無大顯沛則二氏同惟康氏之學超重理想斯氏著述富於徵實所不同也是蓋自倍根狄加爾以來歐洲學術區分二派大陸學者多尙理想英倫學者主張實驗康斯二氏仍循此轍世之學者被康德之風痛斥斯氏者往往而有不知一則洞察精神以演繹事物一則綜核人事歸納於精神二者各有不刊之特色且康德之後歐美學者能綜合群學博約兼至以成一家言未

有若斯氏者也吾國學界於歐美碩儒聞斯氏名最早侯官嚴氏盛稱斯說其名益彰全國士流幾未有不知斯賓塞爾者矣然斯氏特長究屬何科學者（如俗通稱斯氏爲哲學家是不達科學之名義也。蓋斯氏所述多爲社會哲學。非純粹哲學。社會學自斯氏而成立。謂其爲社會學者允矣。本篇所述首及其社會學也以此。）且其學說之價值在歐學中位居何等吾國學者或未周知此本篇不得不貢獻於吾國學界之動機也

赫巴爾特斯賓塞耳。（Herbert Spencer）以千八百二十年四月二十七日。生於英格蘭北部達比村。其父（Willion Geoge Spencer）爲新教（Guaker）派信者。斯氏年十八。任鐵道技師之職。天性好學。得暇每以讀書窮理爲樂。在職十年。學殖漸富。思想益宏。遂棄職專從事於著述。一千八百四十八年。（時年二十有九。）任Economst雜誌之編輯員。每揭載其政治理財哲學科學論說。聲譽漸著於當世。千八百五十年。社會靜學出版。益動世人之耳目。是蓋其生平大作之一也。越五載心理學原理成。又五年達爾文（Darwin）大著公刊。斯氏被其化。益弘其說。翌年即

刊綜合哲學綱要一書。爲綜合哲學之先導。綜合哲學全書計十三冊。著述歲月。前後凡三十六年。爲斯氏生平第一傑作。書成而身心俱瘁。惟以養痾閑靜山地。終其身。卒時年八十四。爲千九百有三年十二月九日。距其傑作完成凡七年。去今猶未及五年也。按十九世紀英國哲學思想別爲二派。一爲英人固有之思想。重經驗。尊常識。窮萬物之理。以滙其源。是所謂歸納法也。溯其原始。遠自倍根 (Bacon.) 陸克 (Tocke.) 十九世紀之初。約翰彌爾 (Iohn mill.) 父子。其代表也。又一派則爲調和法國哲學之思想。所謂蘇格蘭 (Scotland.) 哲學也。唱之者爲哈彌兒頓。(Hamerton.) 其後德國哲學。披靡全歐時。英國學者。崇信黑格兒 (Hegel.) 學說之人。往往而有。至斯氏者。則屬因襲純正英國思想之人也。世人或稱其爲彌爾之後繼者。固不誣也。其窮理之方。主由博而及約。馳於理想。遠於事實。彼所斥爲幻夢者也。蓋離於事實之幻想。乃詩人之特色。而哲學家所不許也。哲學猶巨厦也。必以科學爲基。始立於堅不可破之地位。宇宙人生之大問題。而以武斷之理想定之。斯氏所不取也。十八十九二世紀間。各種科學之發達。炳若日星。就中最足使世界學者思想一新者。則達爾文種源論 (Origin of species·) 也。斯氏以宏識博學。兼爲一世哲學科學之精華。以成其綜合哲學之大業。科學哲學。燦若明珠。散於五都。綜合而成統系者。斯氏之功也。生物進化。在今日誠屬不刊之論矣。唱之達爾文。成之者斯氏也。達氏解釋種源。其要旨曰自然淘汰。(Competition opon to all.) 斯氏益之曰。適者生存。(The Fiitist willi surviul.) 其義始完。今世人智。遠於完美。難之者自易得其隙。然斯氏功蓋當時。風被後世。自不可誣。惟其說浩博。匪屬一科。欲聞其詳。請以次進。

一、社會學

社會學。兼容哲學、政治學、理財學、生理學、歷史、地理學、語言學。以說明人間社會之成立及進化。爲歐學中最近發明之一種獨立科學。而最饒趣味者也。唱之者始於法人噶姆特。(Comt) 以人類之模倣性。說明社會之成立及進化。及斯氏出。採歷史理財、政治諸學說。解釋社會學。益以達爾文生物進化論。其說加富。社會學遂得稱爲一種獨立之科學。故曰社會學自斯氏而成立也。社會學 (Socislogy. Society.) 名詞亦始於斯氏。引申英文社會(Societg)字而創造者也。近年以來。美國社會學者輩出。應用心理學。說明社會心理之動靜。爲社會學最新之說。繼此精進。不可計量。由今日視之。尙不若斯氏派社會學立說之宏富也。斯氏著作關于社會學者。有社會學原理。(The Principlis of sociology.)吾國曾有譯本。然錯落不完。讀者匠少。及社會學研究。(The studg of sociology.)萬物進化論。(Illustration of univesol Progress.)社會學述記。(Description Sociology.)社會靜學。(Sociel slatics.)五種。然斯氏社會學根本思想。未盡於此等著作中。而詳見於綜合哲學也。蓋綜合哲學。多言政治、宗敎、風俗、生物之事。稱爲哲學。不若謂爲社會學也。斯氏之得稱社會學創立者。以此。稱其爲社會學者。不應稱其爲哲學者。亦以此。蓋純粹哲學。其宗旨求、宇宙人生問題之解決、而社會學。其範圍不越解釋人間社會之成立反進化而已。綜合哲學。開宗明義。於第一原理中。其主旨在求一切科學之統一。與噶姆特之說相若。噶氏分人間智識爲三級。最初爲神學時代。次則爲形而上學時代。最後達於實驗科學時代。人間智識。至此時代。始得統一。社會學亦始於此時代發見。斯氏更利用風靡一世之進化論。說明宇宙現象。分宇宙之進化爲三。一曰無機物之進化。即宇宙之生成及發展是也。一曰有機物進之化。即生物之由來及變化也。一曰超有機物之進化。即社會之進化也。諸般進化之原。乃以宇宙間原有之一種無限勢力爲主動。此種勢力常住不變。與宇宙相終始。即現於吾人感覺界諸種之力是也。諸力之動而宇宙生焉。萬物成焉。其動也有二大原則。一曰此物之力。可轉爲他物之力。水火金鐵。以成武器。勝負各殊。憂樂相越。若此之類。錯雜紛紜。不可悉數。一曰萬物之力。時爭均勢。稍失均平。變亂立至。物理人事。未有殊塗。日與行星。吸離二力。相爭兩存。其最著也。宇宙間諸種之力。循此二則。旦夕進行。自古迄今。毋有或輟。一力之原因。每生衆多之結果。又收輾轉相因。日趨變易。故社會之進化。若政治若語言。若文學。若美術。若武器。若生活。莫不由簡單而趨複雜。由渾沌而趨組織。質先於文。繪事後素。是蓋循自然之塗轍也。斯氏說明社會進化之原理也若是矣。至其叙述社會之情態也。悉見於社會學述記。是書成於社會學原理以前。羅列事實之作也。博徵宇內列邦社會之情態。分類叙述。并示以表如左。

- 社會組織
  - 作用
  - 規制
    - 政治
      - 民事
      - 軍事
    - 僧侶
    - 禮儀
      - 耕織
      - 葬祭
      - 交際
      - 習慣

- 社會機能
  - 規制
    - 感情
      - 美感的
      - 倫理的
    - 思想
      - 迷信
      - 智識
    - 言語
      - 語言
      - 文字
  - 作用
    - 動作
      - 交易
      - 生產
      - 技術
      - 牧養
    - 產物
      - 建築
      - 食物
      - 衣服
      - 器皿
      - 武器
      - 美術品

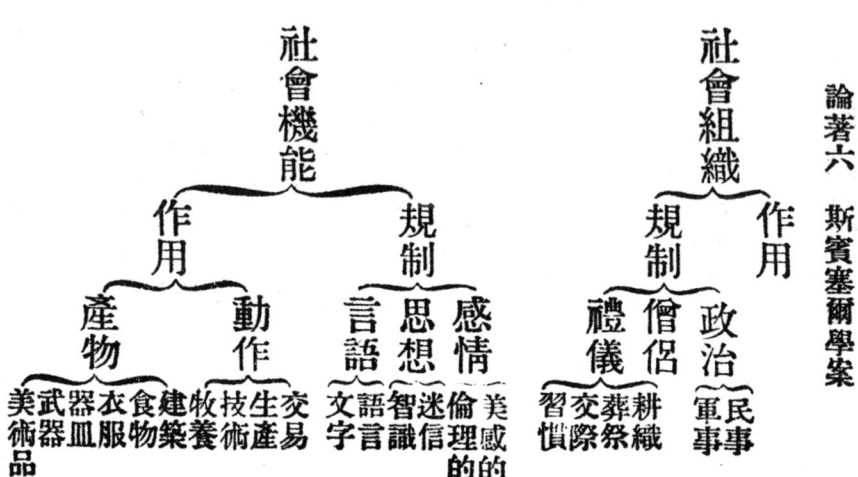

法國大革命時代之刺客駭洛德

劍民

法西北隅有邑名鏗。一七九二年。法過激黨既得志。捕反對者戮之。目鏗邑爲逋逃藪云。

某日鏗邑之市廳應接室內。有年少女子。偕其僕老嫗同來。與代議士排白爾作別。此女子體幹頗偉。似法國北部諾們人。容貌秀麗。而稍露整肅之氣。其名爲駭洛德此時法國社會階級制度已破。一切平等。無貴賤之分。而在革命前。駭洛德亦貴族也。人皆呼爲達爾捫孃。其來別排白爾也。擬作巴黎之行。排與以一書。乃令其投代議士求畢雷者。據後世史家云。駭洛德在革命之前。已投身于共和黨。且決非無氣力之人。其一種完密之心思。及臨事時之決斷力。特爲其秀偉之軀殼所掩。外人不得而知常與人書云『氣力者何所以鼓舞凡民使犧牲其身以衛國家之一種精神也』今番作巴黎之行年甫二十五乃永離閨閣中靜穆之生涯讀史者在書中見其人如古希拉之塑像半身爲天使半身爲惡魔又爲流星突如其來光耀亘天倏忽即滅盖法國當此時外有各國帝王之聯合以反對革命主義爲目的而內有騷擾不已之二千五百萬人民正如黑夜沈々烟霧彌望而人之視線乃不期而羣集于駭洛德

駭洛德得排白爾之紹介書即在鐙邑上車逕向巴黎進發時一七九三年六月九日也此日並無人餞別寂寞旗亭不知此少女有何種之感情但知乃父于其行後得其遺下之手札視之寥寥數行曰方作英游恕我勿以爲念

車中旅客大半能談朝野之政治論及山岳黨則譽揚之聲不覺雷動駭洛德不置一詞于車聲隣々中已度了一日二夜十一日午前車過牛來橋前面塔影林立知此少女之目的地即此旅行終點之巴黎已在眼前矣駭洛德下車後進維惡克丁街之破爾文客棧覓得房間下午就寢一眠十六時之久

駭洛德將排白爾之紹介書送于求畢雷其書不過欲請求畢雷向內務大臣某領取數種信件此信件乃駭洛德之友今爲鏗邑某庵中一尼之家信駭洛德若專爲此事而來巴黎者但事畢之後並不言旋彼于巴黎黃塵濁亂之中頗有所觀察見得當時議會之眞相與山岳黨之內容又聞途人說買拉殺人日以數千計但彼臥病在牀恐未有一見之機會

派雷洛耶者巴黎有名之刀店也駭洛德既購得小刀一柄裹以鯨皮之鞘即于十三日晨八時雇馬車逕向醫學校街四十四號拜見買拉買拉果以病辭不免令駭洛德大失所望或謂駭洛德貌美買拉之妾忌之故拒而不使見云惜哉此不幸之美人駭洛德與此不幸之惡魔買拉一則來自法極西之地鏗邑一則來自法極東之地牛狹退爾兩人愈接愈近將演一場之怪劇而忽爾中阻駭洛德既歸寓即寮書買拉云『妾來自鏗邑彼處爲反對黨逋逃之藪君誠欲爲法國建大功則不得不一見妾妾亦甚願見君』買拉置而不覆駭洛德再作書情詞益懇切晚間七時即乘馬車而出此夜恰値禮拜六一般勞働人既畢一禮拜之工作而謀休息市上

盆形喧鬧駭洛德在馬車中獨悄然有思欲逕達其目的原來六月十三乃法國民黨攻破巴士的獄紀念日之前夜回思四年以前買拉曾在稠人廣衆之間用其銳敏之口調要求培森伐爾騎隊下馬退兵作善後之計(破巴士的獄時事)頗爲當時愛國者所推重曾幾何時其殘虐一至于此是晚七下半鐘買拉因病覺遍體痛楚特坐浴盆中以溫水洗之稍覺爽快此病或以謂激狂所致或屬他病亦不必深致此時買拉既病且貧身外祗有十一個半辨士之紙幣一張浴盆一三脚桌一及一蓬頭之妾而已此巴黎醫學校街四十四號買拉政治生涯之情形也買拉在浴盆中忽聽得剝啄一聲又聞女子口音謂必欲一見主人買拉知此女必是駭洛德即允其進見

駭洛德既見買拉因道妾從鏗邑來有事奉告買拉請其坐下既問以鏗邑情形及彼處反對黨各代議士之姓名遂自浴盆躍出將所言姓名一一寫出且呼曰兩禮拜中君看彼等身首異處可耳寫畢口中猶喃喃誦反對黨之姓名不置駭洛德已拔出其所挾之刀一擊而中買拉之胸買拉呼救一聲氣息已絕其妾聞變而來只

見買拉久病之瘠體橫臥于浴盆中其旁乃一少女仍安坐而不變色

旣而鄰人均至駭洛德遂倒三脚桌以自衛及憲兵來乃同入阿貝意獄數萬之巴黎人圍而觀者或驚或泣或怒髮衝冠或高呼萬歲求畢雷亦被拘其信件皆被搜索有名福軒德者雖素不識駭洛德亦羅致入獄駭洛德在獄中縱論當世人物見求福二人曰求可兒福不足數也云云

十六日晨駭洛德在革命裁判所對衆言曰觀者諸君亦知今日爲法國平和準備之第四日乎其容態頗婉委而盡致于是堂上諸判事及堂下觀者羣發异樣之歎息英史家托麥斯嘗曰此一歎有何種之性質未易鹵莽斷定判事有名丁維爾者欲科派雷維耶刀匠之罪駭洛德慷慨言曰此皆無益之事殺買拉者妾妾殺一人而救千萬人殺惡漢而救無罪者妾之投身于共和黨也非一日矣爲國家之治安計誠不得不殺買拉也自後更無他言畫工携紙筆前進圖其形判事等宣告罪狀謂殺人者死駭洛德起謝辯護士及來相送之僧侶

晚七時後囚車出自獄門駭洛德身被紅色獄衣神色不變光采照人此日死囚約

百餘人觀者不啻只見駭洛德一人也脫帽行敬禮者不絕于道于此可見芸芸衆生其心中無不有感動力法國鑾紫之青年某在路旁遇之曰彼之死較凱撒之刺客蒲羅太司爲尤偉與彼同死者惟彼之『秀麗』而已及至刑塲駭洛德仍不改其微笑之容行刑者將繫其足彼力拒之若以爲侮辱者觀者告以無他意遂欣然受縛最後揭其頸間之圍巾。則不覺兩頰起紅色如酒暈。行刑者揭其首以示衆。其紅色猶未褪云。（完）

文苑

獵狐歌

劍青

主人有宅山之拗綠野仟仟碧流交黃金裝成華嚴界玉宇瓊樓相嵺酣歌曼舞三千載子孫無賴福曜消怪風長號霾白日豬龍淫威恣忽然龍城飛將血戰死天潢寵胤竟萍漂從此華屋少人跡門施果蠃戶蠨蛸老狐躍々來西北率其羣醜據爲巢汽尾終見性狡黠跳梁難辨語牙聱鞭笞雀鼠收餘燼成國居然等僬僥大狐侁々小狐嬉如從幽壑登絳霄福溢諸天擬活佛威翻滄海沃寸熛叱奴踐婢尋常事家衆相向聲嗃々主人有犬嗾不得疾視無奈此惛怓板板上帝悔禍亟滔天洪水潰一朝驃騎將軍眞神武雄劍一指斗轉杓萬足蹀躞萬目睽高冠衝起怒髮髟載施之畢張之濁旌旗彗雲曳長旓幽并健兒好身手長弓大箭行儦々一鼓作氣萬弩發羣狐驚竄如痩猺吳鉤越棘銛且利決脰洞胸或銜罟哦々唧唧鳴哀厲毛

血橫落紛雪飄觸石破額水蹈藉逃者綏々忽斷骸更有淫狐老蹣跚祝眄按機中其腰窮括醜類與殄滅無俾再育此山鮹腥臊滌盡攙槍斂有如淸風洗炎熇故宇恢復經營始崢嶸氣象竹新苞男兒有志鋤非種甫田勿任維莠驕君看寶刀缺折處層層血暈起紅潮

◎柳絮雜詠八首　芬儂

一路綠陰上畫樓三春小院足淸幽東皇空有纏綿意如此靑靑已白頭

煙裏半姿望更佳春風幾度入君懷飛花最是多情甚送我淸波十里淮

花覆芳原映夕暉空空色相是耶非兒童捉去忽譁笑一個綠蜓頭上飛

曉去綠溪划小艭柳枝歌已變新腔諗君幾次君酣醉破我踏靑鞋一雙

風吹如雪滿郊坰墜到空潭亦化萍此樹種傳猶太國花才出世便飄零

誰家飛出玉玲瓏佔得菩堤地數弓吹散自身花萬萬舞腰還耍謝東風

婆婆綠鬢美人妝話到華顚便自傷儂意正望芍藥好晴天撲上一簾霜

刼紅叢裏卸雕鞍閱偏繁華興已闌百丈晴絲誰暸得有人悄立月明看

◎東歸夜宿旅店聞鴉鳴有感

滿目荆榛繞國門。獨醒何忍棄崑崙。寒鴉月夜頻聲噪。仗爾喚歸帝子魂。

廿載如從醉裏過。韶華逝水半銷磨。旅魂驚破愁雲重。鄉夢哭殘淚雨多。月夜烏啼悲世事。寒山猿嘯悵關河。更深徒具匡時念。無地投鞭且枕戈。

暮鴉頻噪難成寐。獨慨神州殺氣横。滄海難塡精衛恨。國魂易喚杜鵑鳴。血潮夜湧雄吞海。熱度時增氣吐虹。茅店聞雞仰越石。揮戈窃願逐長鯨。

◎征途晚眺

遊人日暮悲途窮。淚灑荆棒血染紅。立馬千尋且遠眺。河山盡在夕陽中。

入目殘陽黯不紅。風雲慘淡走蛇龍。側身大地老尤壯。策馬荆榛厄愈雄。狐鼠潛窺殘窟裏。江山潦倒亂流中。當頭新月觸幽恨。血淚滿腔灑碧空。

◎旅店夜雨屋漏有感

室已漂搖醒恨遲。風雲黯淡誰持危。時當未雨猶酣睡。大厦臨傾倩木支。

補天無石暗傷神。室毁難禁風雨侵。廣厦一傾無淨土。此間何地可容身。

◎海上感懷

不歎虫生歎物腐是誰揖盜步階庭洞開門戶無人管大好湖山水上萍

◎勵志

壯志期隨華拿後旗翻萬里展長風雄心不憚乾坤老鐵血崢嶸馳亞東

王粲登樓休浩歎。中原萬里遽途窮。揮戈血戰乾坤赤把酒淚沾荊棘紅

手挽神州驚亞鹿氣呑滄海因歐鯨不能二字非當用馳馬常從蜀道行

◎病中感懷

身如吾國氣沉々骨節木痳歎不仁多病何堪常作客重洋回首一傷神

◎懷古

誰將時勢厄英雄。抛却頭顱遠塞行。壯志未酬身報國魂銷易水弔燕卿

小說

海上健兒（續前）

第四回　孽船詭密心動狐疑　情話纏綿名聯鴛牒

俗語常說塞翁失馬。寧知非福。誠哉是言。我自落海以後。船長待我的暴威。驟覺減了十之六七。一羣如豺如狠之水夫。亦多對我表同情。呼兄喚弟。推食解衣。給我多少的好處。這不是因我落難。觸動了他們的惻隱之心。亦不是他們尚有天良有爲善贖罪的意思。第一個緣故。因着衆人見賓君慷慨好義。投海救我。皆以義俠相推許。於是賓君之聲望日起。勢力日大。茶餘飯後。賓君每與衆人在甲版檣樓上邊閒談。聲言船長的過惡。衆人多隨聲附和。他此等消息。船長日有所聞。欲待發作。又恐激起意外的變故。於是不得不稍稍加惠於我。暗買賓君的歡心。衆人既崇拜賓君。又見船長之舉動如此。所以全與我好起來。第二個緣故。因着船上水夫。有個荷蘭人名叫奈爾的。天資愚劣。手足拙笨。爲衆人所不喜。今船長既不肆毒於我。遂遷怒於奈爾。少不如意。捶楚立至。荼毒殘酷。不可言狀。比我從前所受的苦痛尤甚。一日因爲起的晚些。船長大怒。遂用繩縛其兩手之拇指。吊之於帆桁上邊。整整的吊了一個時辰。一日又因爲偸厨房的肉吃。將他裝在一個空罈子裏頭。一點飲食的東西。也不給他。水夫們有可憐他的。夜間偸着給他塊麵包吃。給他一碗水喝。如此過了三天。纔放他出來。看這兩件事。其餘就可想而知了。我見奈爾受此慘毒。愈覺觸目警心。振刷精神。力求見好於衆人。漸漸的竟有在船長面前給我說好話的。我的運氣一天比着一天的好。奈爾的運氣一天比着一天的壞。船長譬如江河的怒流。奈爾譬如一道長堤。自此以後。驚濤氛浪。總照着長堤衝打。所以我得免了波及之害。我雖然對着奈爾深表同情。處此患難之中。不能一爲援手。心裏殊覺着過不去。然而我纔脫虎口。胆小如鼠。力薄似綿。實係無可如何。亦惟默禱皇天。救其苦難而已。且說我的境遇既轉。平生希望的事。亦漸有看手的地方。一切航海使船的方法。日蒙賓君耳提面命的教導。所以進步甚快。日子不久。就與衆水夫一樣的操理船上的事情來了。不到兩個禮拜、的工夫。又學會登桅檣。無論風波怎麼利害。亦能上到羅衙爾瑪司特之極端。第二檣捲帆卸帆的事。全是我領着頭辦。衆人皆極口的誇贊我。可見艱難險阻震撼憂危的境遇。全是製造偉人的器械。若能打破這一關。就可爲聖爲賢爲英雄爲豪傑。若是魄力太薄。氣質太脆。不能耐人世的磨折。蒲柳之質。望秋先零。就如蟲沙灰塵一般。一霎時就可化爲烏有。倘如我上船的時候。就得了好境遇。進步那能如此之速。又倘如前者禁不起船長的虐待。一瞑目死了。那能有苦盡甘來之今日呢。將來之大志願。不亦全付之東流了麼。想到此處。就不知不覺的鼓舞奮發起來。每置在船上作工。留神觀察。心內總覺着詫異。第一的上而船長。下而水夫。無紀無律。秩序紊然。與我從前在書上見的大相反。然書上所講的。大概是軍艦的事情。與商船不同。商船的內容。我雖不知。想亦不至如此。既然挾着商業的目的。日在海洋中往來。以船舶爲生活。以海上爲棲息。就如一個小社會一般。看官請想一想。社會裏若無法律支配着。還能成個社會麼。第二是、邦多拉船不甚大。船上水夫太多。此船之大。僅足七百噸。自文字上言之。不能叫作習波。僅可叫作巴克羅。巴克羅船亦有三檣。後檣的形式。與前二檣不同。皆掛有四角的長帆。御風而行。邦多拉船豫備的布帆甚多。雖然不是輪船。而船的速力則有過之無不及。船上的水夫。約有四十五六人。其數之大半日惟徵逐酒食。無所事事。豢養着這些水夫。究竟不知有甚麼用處。我自上船以來沒有到過下艙。一來船長有命。無事不許到下艙裏去。二來艙口下邊。常用油布遮蓋着。下去亦狠費事。但聽見人說。艙內所載的貨物。布蘭第酒甚多。乃載往非洲喜望峯販賣的。一日天氣甚好。將艙口油布盡行揭去。以疏通下艙的空氣。此時水夫等可以隨便上下。趁此機會。遂跟着衆人下去。左邊排列着布蘭第酒百餘罈。一旁堆積鹽囊狠多。右邊有鐵棍四五十根。不知究係何用。艙板下邊。盡爲手械足械鐵鎖等物。一睹此物。就覺着心內忐忐忑忑的亂跳。令人不寒而慄。以此看來。這邦多拉一定不是商船了。然船上的情形。又不像賊船。尋思了一會。終覺不能索解。只好罷休。此日爲賓君的生日。他以思家之故。神思甚爲恍惚。到了夜間。我想着爲他排遣排遣。遂邀他到船頭步月。風來水面。月點波心。覺得艣聲帆影。盡帶秋思。從清爽泬漻中生出蕭瑟。我也覺觸目傷懷。百

端難受。兩人皆覺黯然欲絕。倒是賓君笑道。威利倆也有點感觸麼。何以精神不像
平常的活潑呢。我無父無母當此淸夜。尙且傷懷。況倆父母俱存兄弟無故思家之
念。一定是不能免的。然總要想開點纔好。我一聞此言。愈覺一腔悲憤塡塞胸臆滿
腹傷心語。不知從何處說起。不知不覺就落下兩點淚來。賓君又道。今晚倆不是要
給我排遣愁思麼。怎麼倆倒傷起心來了。我只得破涕笑道。賓兄我不過偶然想起
去年離家的事情來。所以微覺傷感。今夜月光狠好。只許賞月。誰也不許再想家。賓
君道狠好。無奈我兩人各有心事。雖强爲歡笑。總覺毫無聊賴。正徘徊間。忽聞背後
有人問道。閣下是威利君麼。回頭一着。乃是素痕。我答道。正小。可素痕道。我們姑娘
想與閣下一談。刻正在前面檣樓上邊相候。務請速去。我聞此語。不能自決。即低聲
問賓君道。可以去不可去呢。賓君道旣蒙梅彬姑娘來請。即可速去。不要負了姑娘
的雅意。我又道。以我說去似不妥。若被船長看見彼此皆覺無顏。賓君此時亦頗代
爲遲疑。素痕道。威利君不要游移。我們姑娘原想淸閣下到臥房裡去與我們老爺
商量了多時。我們老爺總不應允。後來見我們姑娘執意要見閣下。違拗不過。遂教

我們姑娘在檣樓上與閣下見面。又恐怕船長出去。磁見閣下。他現在已到船長屋裏下棋去了。千妥萬妥。快々的去罷。賓君道。船長最好下棋。下棋的時候。連飲食全忘了。威利倆放心罷。於是我遂跟着素痕躡手躡足的去了。不多時到了前檣下邊。素痕道倆快上去。我在這裏看月。妨有別人上樓。上未及半。已見梅彬來迎。到了上邊。彼此握手爲禮。梅彬道妾自入船以來。已將及二年。尙未與英國人說過一句活。今晚算是第二次了。我道。我亦如此。梅彬讓我坐在椅子上。他也在對面坐下。我忽然想起賓君前幾天的話來。遂問梅彬的家世。及其上船的原因。梅彬道。妾在襁褓中。喪母。到七歲時。父又病故。蒙祖母躬親撫養。乃有今日。妾家小康。自妾父去世以後。家道中落。前年八月十日。妾與同學的朋友往海濱納凉。偶爲邦多拉船事務長所睹。彼以妾的容貌。酷似其亡女。彼名塔爾丹。生有一女。愛如珍寶。三年前因肺病死去。彼以愛女逝世。極爲哀痛。及見妾以爲其亡女復生。遂託多人向妾祖母關說。欲收妾爲螟蛉義女。并以三千金磅爲我祖母壽。在妾的本意。本不願謂他人父。依人膝下。然以家道貧寒。祖母春秋已高。不能得點甘旨的奉養。想亡父在地下也不瞑目。今以妾故得有多金。妾亦可藉此機會。到外邊開開眼界。妾遂應允。互立約書。結了父女因緣。及上船之後。始知此船不是商船。不是商船。所作的事。傷天害理。慘無人道。然已後悔不及了。幸而義父待妾甚厚。妾也只好相安。俟將來此船再到英國的時候。妾一定與他解約。不俟其說完。我即問道。此船究竟是甚麽船呢。我近來亦狠有疑心。梅彬道此船常往來於南非南美兩洲。販賣黑奴。現在就是往非洲航行。我此時疑團始釋。向梅彬道。我前者曾聽說歐洲各國因着北美放奴的事情。各派軍艦。往大西洋巡邏。將來此船被獲。我們也不能免。豈不是玉石俱焚麽。梅彬道妾今晚請君到此。有兩件事與君相商。第一件即是此事。妾雖然比君長一兩歲。究竟是個女子。後日如有機會。不知道君肯相携而逃否。我道如有能以盡力之處。縂不忘了姑娘。梅彬道其次一事。不知君願意不願意。我即問何事。梅彬滿面春羞。欲語而止者再。問之再三。梅彬始道。妾與君相遇於患難之中。即是三生的因果。君年輕志壯。前途事業。正未可量。妾實佩服之至。如不以菲質見棄。願終身侍君箕帚。君意若何。我此時年紀雖幼。男女的戀愛。尚不知爲何等滋味。然自前者見梅彬之時。即覺一縷愛情縈廻。於梅彬身上。今梅彬旣有此意。這豈不是天外飛來的因緣麽。遂答道。猥蒙姑娘見愛銘感肺腑。特姑娘所居地位高我數倍。未免不稱。梅彬歎道。同是患難中人。那還能講到地位上去。妾有薄物見贈◎更希笑納。遂在腰間解下一個小皮匣遞給我。我只得收下。遂也將左腕之珠串解下相贈。在月下對坐。見梅彬晚妝如畫。玉骨冰肌隱約可見。梅彬見我看他。不覺一笑。便覺有無限幽情蕩漾出來。忽聞樓下自鳴鐘響事十下。梅彬道天已不早了。請君回去罷。船上耳目太多。不能常常相見。請君保重。言罷淚如雨下。我也驟覺鼻酸自熱。潸然淚下。遂灑淚而別。及歸至後艙。見賓君仍在月下散步。我將與梅彬定婚之事。述了一遍。更將皮匣打開。其中置有金元十枚。玉連環一個。羅巾二幅。手鎗一個。把玩了一會。遂復收起。賓君道此事務須秘密。倘被別人知道。與事務長梅彬姑娘。皆有關係。現在已十點半鐘了。睡覺去罷。欲知後事如何。且聽下回分解。

未完

選稿

伯倫知理自治論

謝冰 譯

英米人常以能自治誇于外人而有得色蓋英人夙具自治之性北米更發揮而光大之其制益復秩然有叙顧精神雖同形式則異英國以紳士爲自治之機軸米國則以平民質言之一則貴族的一則民主的也

夫自治之語創自英米德國無適當之譯文與吾人所常稱之自爲政及地方自治實非同物今者自爲政及地方自治之論日喧聒於耳而苦不知其意所在即政治學家之解說亦復各異故不得不就此研究之

英米人於不屬政府之事務皆稱爲自治故自治亦尋常國政之一部分不論立法行法但使貴族平民曾參與其間即稱自治

英國之巴力門米國之國會皆爲自治機關因此有稱其政府爲自治機關者以英

國之宰相自巴力門中多數選出合衆國之大統領自代理選舉體中公舉故也推之陪審官之參與裁判治安判事之職業警察以至種種組合公會賑濟善會銀行鐵路會社及以殖產教育爲目的之會社蓋無一非自治但其組織管理之法須仰官吏裁決者則否如常備軍民兵是也其故因軍律尙服從威令貴統一若以此等事歸民理常有瓦解之患耳羅馬加特力教會教皇有特權管轄教徒又宗門講社以服從爲主亦非自治且个人行爲縱使與羣治有關亦不得爲自治如新聞紙學術書輿論等當其發揮意見往往大有影響于民生然以爲自治之機關則大不可蓋自治必有共同之組織而新聞紙等則僅个人之思想也

然而英米之制決不能行于大陸何則以大陸諸國旣無若英國之紳士而國民自主之精神又不及米國之發達也但其精意所在固有可取者吾敢下定義曰自治者人民在國法之範圍內參與公務而不僅放任於政府之謂也故以官署之職權與官吏之意思執行事務却與自治相反對然自廣義言則民主國可謂自治國蓋國民得舉其代表人處理公事發表其意見也

德國之所謂地方自治。其意較上述之自治稍狹。蓋德國以立法行政及司法爲自治以町村區郡間之行政及民間之會社組合爲地方自治二者各有區別不可相混然政治家學說亦不同茲略述于下。

羅特甫爾那斯德（於英國之制度沿革知之極詳各國政治學家殆無出其右者）曰「自治者立于國政與私事間蓋國家與社會之結合制也」

彼所謂會社包括地方町村及私立會社而言故以英國有治安判事之縣爲證從氏言則一町之內凡其組合爲法律及公權所承認者皆得入地方自治部若府縣郡邑之廣狹更無論已

氏以爲英米大陸之地方自治制均淵源於國家故下自治之定義曰「自治者一縣或一町村內之名譽官從乎國家以本地之稅行本地之政之制也故自治者以法律制定之決非從習慣而成觀英國之治安裁判官由國王親命則其性質可知也」

氏以爲地方自治與議院政治常有密切之關係故曰「國會議院之基礎在乎縣

町村之自治蓋人民於縣町村實地練習政治一旦入議院乃無竭蹶之患也」氏以爲地方自治與民間會社不同二者界限不明則常爲大患故曰「晚近以來私立會社輒選舉事務員管理公產其影響漸波及于國政上之自治壞英國古來之制以地方行政任諸民選委員之手不亦危乎夫地方自治既以社會之利益與政府之法制相合而成要使二者于冥冥之中無分裂之恐此則百世不能易吾言也」

氏之論旨大畧如此若不憚煩言則地方自治者以謀公衆之幸福爲主一方使政府令能下行職官責有事屬一方使民智因經驗而愈顯民德因交際而愈誠愛國之心發達無復障礙而已

世人之論自治常注意于社會而忽于政府夫社會者地方自治第二之成分其第一成分則在政府使此第一成分之性質了然于世實氏之功顧氏矯枉過正之處亦所在多有如米國治安判事係人民公舉非若英國之由國王勅選而米國自治不讓英國氏乃以國王親任地方官爲原則未免武斷且英國紳士之爲治安判事

也常不受俸給其出于彼人自願可知所以必須國王勅任者乃循諾曼時封建舊制第藉君主威望尊其體制固其職權已耳

又治安判事有警察權警察權其實屬于國家決不屬于社會故國王敘任與人民公舉之得失要視其國政體風俗及開化之程度而定是以共和國之制不適于君主國也

倫士斯泰因氏曰「地方自治者一機關也決非原理」氏說如是故一方則依據國權爲獨立之權關一方則限制自治重地方之關係而下定義曰「自治者人民參與地方政務之獨立行政機關也自具職官享權利」

氏以自治爲自由民團體之生態故地方自治起于町村如德意志及瑞士之地方自治淵源于古代是也蓋古代町村居民己自理其地之事雖時移事變改革頻仍數百年壓伏于獨裁政權之下而其流風餘韻猶有存者此所以經氏之都府改革而自治之基礎益固也

氏地方生態之說未免失之陜隘故其結論幾不能自圓其說且依據國權則政府

將干涉其範圍以外之事而所謂自由亦徒有其名而已

海森洛斯爾氏駁之曰「地方自治宜以社會獨立爲本必脫政府警察權之干涉自治亦然」顧氏所主張之獨立專指行政上言固非劃然與政府分離者故又曰「地方自治者在其範圍內準其固有之法而行政決非外來之勢力及他處之法規或掌握公權者之私意所能左右之其制因國法之許可與行政之權利而定論其責任則有控訴法裁判是非而必受官衙（參議院會計院及行政裁判所）之監督」洛斯爾氏說與獮那斯德正相反對顧獮那斯德及斯泰因偏于政府失之服從洛斯爾氏偏于社會失之放任厥弊惟均玆折衷諸說槪論如下

（一）地方自治與自治之別正如政治（指全體言）之與行政（指一部分言）或如國家保護之與裁判懲罰二者相需何用乃成既行地方自治必進行國家自治

（二）地方自治與箇人私事有別蓋地方自治必準據行政法受國家之統馭而箇人私事往往爲政府法令或監督權所不及也英國地方自治法規極複雜德國則多由其地制定之

（三）地方自治者國民在國法範圍內參與政務而自理其事之謂也因社會與政府之結合體也人民自由與公共義務之觀念聯絡而發生者也

（四）地方自治始于一縣及推及漸廣遂及于州郡州郡縣皆普及而國家自治乃可言

地方自治之構制由政府定之其體裁有三

（一）以地方公事委之于本地人民不受俸給如英米之治安裁判官任警察裁判事務法蘭西瑞士治安裁判官掌息訟是也

（二）官紳合治其紳不受俸給德語所謂布存達基甫槐通（代理政治之意）也如法國之縣令爲參事院長普國之縣令爲縣治委員長巴騰國之郡長爲都參事院長是也普魯士議會長有時由官命通曉法律之都長任之有時由新兵徵募委員任之此新兵徵募委員不論官民亦其例也

（三）由人民或町村會選舉代表人任之如町村吏員是也

此三種之外即爲純然之職官政治

又有應注意者德法二國地方警察裁判之事均選績學多閱歷之官吏任之與英米制不同然德法制實優于英米故其治績亦出其右焉

凡地方自治其人民必有左之准備

(一)辦事之能力蓋全地之事至繁至頤視其難易輕重一一應付之苟無學識烏能勝任

(二)民德必有民德而後有義務心肯爲公衆謀幸福

(三)一定之餘暇凡人必生計餘裕足以自贍乃能盡力于公益否則自顧將惟日不足矣

夫一國中國民之程度如是其錯雜也能力具矣道德或不足觀即使能力道德具有可稱顧在寒素之士決不克枵腹以從事故三者具備蓋絕無而僅有世人所以謂地方自治乃貴族制度而非民主制度也雖然地方之事固有輕而易舉且中材便能勝任者焉若夫大者遠者或必全力經營而爲地方所不逮則不得不藉諸官吏又勢使然矣然則地方自治之方法及其範圍之廣狹須以國民文明生計之程

度爲準

吾國今日盛言自治矣。然容有未析然于其意恉範圍之所在者。故特錄是篇。以供邦人之留心政治者鑒焉。

記者識

來稿

開通學術議

凡人

今中國學界之暗黑。與進化之遲滯。是誰尸厥咎歟。歸之學堂不普及。與辦理之不善乎。今則各省學堂己若林立。而辦理人員自各省學務公所成立後。延聘議紳參預學務。儘有賢者佐理其間矣。歸之官府腐敗。不知提倡。故意强作反對乎。今則州縣官考成。加入學務爲舉劾。預備地方自治。且莫不歸重學務矣。歸之民智不開。學界無人。上行而下不效。放棄國民之責任乎。今則南北響應。勢如破竹。有志之士。奔走狂呼。死者己往。來者方續。其遠遊於外者。不見於行。且見於言。發議於報章。寄書於郵傳。莫不爭先恐後。冀速醒同胞。維持前途。轟轟烈烈。儼若人人皆英雄豪傑矣。夫誰咎。夫誰咎。

吾知解決此問題者。必曰咎在上下隔閡也。否則曰。咎在專制之下。不能自由發達也。再否則曰。程度未到。時有未至也。是數說者。皆是也而有未是。皆合也而有未合。一以根本之論推之。試問何以去隔閡。何爲自由。何如而程度始到。而時方至。迺有文明進化之可言耶。吾恐答者必窮於是矣。盍反求其本而試驗今日學術開通與否。

夫學術中於人心。關於進化。東西一揆也。西洋學術。發於希臘蘇格拉底氏。至亞里士多德。爲帝王師。得大行其道。而西洋之文明迺開。東洋學術。始於吾國伏羲氏畫卦作易。以王天下。下傳亦多賢君。至唐虞三代。道益隆。而東洋之文明遂進。由此觀之。東洋學術之盛。誠在乎西洋上矣。然而東西異轍者何故。夷考其由。蓋西洋學說。倡自於下。故自由公理之說早明。吾國學說。倡自於上。故尊君敬長之道日嚴。雖下傳至於孔子。而孔子莫能易。是實吾國學說受病之原也。然而前此己往。爲閉關絕約時代。利用舊沿之學術。爲禁外道。重人倫。維持舊社會。固亦足以爲治矣。自今以往。爲東西洋文明競爭學戰勝負時代。必主張適用學理。融會東西之學說。迺能革舊弊。明新法。造就新世界。以立於天演淘汰之中也。今中國固守舊說不少變。學堂以經學為主。科學為用。功令益尊孔子。升為大祀。排斥異說。不遺餘力。而學界號為開通者。莫或敢倡學說之改革。其迂者且尊孔子為空前絕後之大聖人。仰若神明。信為國是。日求昌明聖學為主義。嗚呼。學術蔽塞。若此吾恐學堂遍立。辦理得人。上提倡之。下響應之。而中國之學術。實足自亡其國而已矣。

曾亦思孔子者。固博學而無所成名也。問禮於老明。問官於郯子。學樂於師襄。曷嘗株守一先生言。其教門弟子也。德行顏淵閔子騫。是雜於道德。言語宰我子貢。是雜於游說。政事再有季路。是雜於政法。文學子游子夏。是雜於詞章。無非開通以示人。未嘗不許人以開通也。而後世尊崇之過甚。必為別立門戶。崇峻堂宇。使天下諸子百家。不相會通。而流弊至於自相齟齬。漢宋不同派。程朱陸王不同派。互相毀謗。不可底止。至於今日所行之孔教。亦弗知何者為是。何者為非。而門戶之見。堅不可破。噫嘻。是皆原於不知孔子為何如人。不識孔學為何如學也。洎今世界進化。學理發明。吾方幸孔教將日明。不至再為人誤。而誤以誤人。孰知孔教亦有迷信教徒焉。孰謬不回。仍信昔日孔敎黑暗時期。爲孔敎昌明。今孔敎將進昌明。而迺悲吾道之衰。嗚呼。亦背其師矣。

然而學者一聞此說。必怫然曰。惡。是何言。孔子聖人也。聖人道全德備。包羅萬有。焉得以開通言之。聖學四科。純乎天則。又焉得以雜於道德游說政法詞章而分別論之。此亦開通不倫矣。則將應之曰。不然。吾固將正言以解決此惑也。夫聖人之名詞。傳自上古。稱贊古先聖王以立人極也。非爲孔子而始名之。朱子有云。「道統之傳有自來矣」 然道統傳至孔子。而下移於士大夫。追尋原義。實有未合。而學者謂其功過堯舜。德比湯武。實與古聖王齊德。足爲萬世標準。雖以名之可也。〔此亦中國民權發達之一紀念〕 此其聖人之徽號。非絕無而僅有者。昭昭矣。且孔子之立敎。實在五倫。五倫之敎。起於虞廷司徒。後王道衰。周室不振。遺學僅存人間。孔子拾而傳之。以衍其緒。使孔子得志於明王。任以司徒。爲職已盡。夫安見其道全德備哉。特不得志而專門之願不遂。於是馳騁於五倫之中。出入乎五倫之內。旁通諸說。以詔後學。孟子謂其集大成。豈孔子始心哉。吾固目孔子爲時勢所造之英雄。無見其造福於當時也。至若四科之目。則因其門人有此四類之材。孔子引而導之。非所謂聖學四科也。如不吾信。請驗吾言。吾猶見孔子有類似於他科者。

一革命的孔子。　孔子周游列國。求用於諸侯。後人崇拜之。無不以其爲天下爲蒼生。頌之爲仁。楊之爲義。殊不知孔子志在宗周。恢復舊王。列國無宗周者。此孔子所以不用也。〔稱管仲者亦以其宗周也〕不用而歸作春秋。嚴華夷之界。正君臣之分。以戒亂臣賊子。欲天下後世亡國之臣民。皆知圖保其種族。恢復其宗邦。驅彼蠻夷。正我夏命。此其義蓋純乎革命主義矣。然而未得目爲革命者。其心革命。其口則曰臨事居以忠也。且臣禮於各國。不敢曰服周非忠也。其志革命。其論則曰事吾君禮也。且臣禮於列邦。不敢曰悖周非禮也。故其爲說也。四面皆達。而有未達其意者。八方皆合。而有未合其旨者。人從而聽之。莫知所之。淺者駭焉。深者惑焉。於是歷代君主。遂乘而利用之。以制伏被征服之臣民。是蓋反間計也。而天下後世。誰知孔子之志乎。孔子目不瞑於地不矣。

一教育的孔子。　孔子不用於世。歸老尼山。以傳道授學爲業。此不得已事也。而門弟子如彼其盛者。後世有評之者。「因材施敎」此實孔子敎育的精神也。然不得謂有敎育學者。孔子固未嘗立此門學問也。子游子夏同師孔子。而主持敎育各有異同。曾子以忠恕傳道。顏子以不違仁得幾於道。其授受亦異。而敎育之能力何在莫能測其淺深。此孔子所以爲敎育家。未得謂有敎育學也。

一政治的孔子。　孔子爲魯三日。國內大治。歸魯侵田。齊人大懼。孔子亦政治家也。其政治學則未之嘗聞。其散見於典章者。曰爲政以德。曰齊之以禮。類多據政敎合一。而評論於第三者之他位。卒無單純正當講政治者。非必不言。蓋不屑言也。迄漢初儒者墨守其說。斷獄不成。以經釋之。爲事則勞。爲法亦太泛濫矣。然自是儒者廼重士人恥言法律。高談性命。及得志。苦於無法。則雜申韓之法而利用之。不嫌其雜霸矣。程子以諸葛武侯有儒者氣象。即牽引附會。認爲儒敎。不斥其爲刑名之學。識者以此爲儒者憐。寧非篤論乎。

以上之明證。不過犖犖大者。其多識草木鳥獸也。類今博物家。其刪詩書。脩禮樂也類古文藝家。其雜似於他科者尚夥。果將以何者爲孔子之聖乎。抑即以博學無成各即孔子之道全德備包羅萬有乎。吾且進而明之曰「人胡爲而生。則必曰東仁義禮智信而生。人胡爲而活。則必曰受金木水火土而活。是人人道全德備包羅萬有而始得爲人。非孔子學而後得也。惟不學無術。不思不學則罔殆。理有固然。故學而後而復之。然不過今日普通之學無足異也。（是道不全德不備無包羅萬有之常識即無普通之人格）語云人之精力有限。世之學問無窮。先博後約。不得不然。豈必專指性命哉。有反博守約之可言者。此亦今日普通學後必研究專家也。彼孔子者吾固不得言其道不全德不備包羅無萬有吾遽稱其道全德備包羅萬有無以復加焉則是誤認孔子。不知孔子之爲孔子。實不在是也。孔子曰吾道一以貫之。是孔子明言其學亦通而已矣。易以今名而名之曰爲開通之學術。烏見其不可。夫孔子爲開通之學。固開通之聖也。今士子幼讀孔書。以至老大而固守孔學。坐井觀天。詡詡然自以爲得。亦可憐矣。設使有人於此。其爲後進以求學也。則必求實業。治文科各達其目的。其欲有所轉移於社會也。則必學教育攻法政。各盡其能力。然而非孔學不法。非孔言不聽也。讀盡十三經。閱盡廿四史。各抽出其關於各科者而研求之。雖讀破萬卷。其能有濟於今之世乎。吾知聞者鮮有不知其失者矣。知其失而猶顧戀之。不忍或釋。引而附之。強使之合。學校奉爲金科。老儒尊爲國是。吾不知士子讀書學而後有用乎。抑學而爲尊聖人一人乎。孔子之聖。聖於昔時。亦既往矣。我尊之於孔子無加。我不尊之於孔子無損。吾何必不求於今之時。而甘奴於千載上之陳死人。以沮我未來一般事業之大發達哉。

且學術開通。非專取於外。而不顧己國之文明也。當今新理日出。競爭日烈。世界各強國。莫不深究其國固有之學。導其源而濬其流。究其本而齊其末。使其學術嶄新。確立於萬國優勝之地位。所以強其民族擴張範圍也。吾國國學爲東洋鼻祖。學術淵源。浩如煙海。如墨子之兼愛。佛學之平等。此吾國公理發明之舊。今不得闢爲異端。置而不問也。如黃老之清靜。申韓之整肅。此吾國理法發明之舊。今不得卑爲雜霜畧而不考也。若夫漢唐之清流黨人。富有社會團結之力。宋明之殉義烈士。多達於種界華夏之判。此皆吾國歷史上之特色。有不容泯滅者。餘如考據訓詁。由小學旁及於雜家小說家。無不當追溯原始。啓示後人。合數千年吾國國學之精粹。各取其長。進而參攷東西各科之新理。以求其是。實業也。而實驗是信。文學也。而確切是遵。合古今貫東西而鎔鑄於一爐。從今世界學科之各大家。舍吾中國學者。其孰與歸。吾何必株守一家言。不深圖世界萬世之業歟。

嗚呼。吾國學術。洎今不實行開通。正本溯源。則前途之危險。正不堪設想矣。國內號爲開通之士者實不乏人。有因感情而開通者。是感情之奴隸也。有隨於衆而開通者。是隨風逐波者也。又有一般開通者。或夙號名士。或舊稱耆儒。乘今過渡時代。各出而欲立事業。其對於時局之方針無定。對於社會革新之行爲猶疑。各懷堅志。欲有所圖。以存其舊業於後。而不肯爲一時所泯滅。其種種禍根。皆伏隱於不見不聞之中。孰是眞熱心保種愛國者。吾誠罕見其人焉。若不速圖根本上之開通。而猶事皮毛。苟安且夕。則禍將不遠。覆亡隨之矣。豈惟今學界之黑暗與進化之遲滯哉。

拙著「無聖篇」承河南三期代爲登錄。且評云「此篇所論有疏於學理處。且訾毀孔子不無過當」。又云「此篇雖不免矯枉過正」。爲此語者。蓋未嘗贊成予說。一若指示第三者。莫惟予是信。予豈敢以冒昧不正當之無說搖惑天下之耳目哉。故不自揣度。再出此舊作。公布於世。以明予非訾毀孔子。實研求孔學之所以爲學。以解決數千年來迷信之歷史。於孔子何益何損歟。若夫疏略之處。知所不免。願我河南主筆諸君。明以賜教。更願我海內同志。皆明以賜教也。夫孔學之爲害。豈止如無聖篇中之所言乎。予考其謬點不勝計矣。今再言前兩文所未及者。以申吾說。

一君主的箇人主義。孟子闢楊子爲我。墨子兼愛。子莫執中。彼孔學者立於何方面乎。玩其所謂執中猶執一也。然後知孔學果不在三者之內。而以執權爲並收爲我兼愛之妙計。而不知尊重強權。已別陷於君主的箇人之陋義。雖欲及楊子爲我而不可得。豈不可憐歟。蓋楊子爲我。名似爲私。而實爲公。（反是爲孔學）觀其言公身公物之理由。曰身非我有也。既生不得不全之。物非我有也。既有不得而去之。身固生之主。物亦養之主。雖全生身不可有其身。雖不去物不可有其物。有其物有其身。是橫私天下之身。橫私天下之物。深味其言。爲我乎。爲人乎。雖謂之爲公也固宜。彼豈肯假權以便其私耶。孟子斥之爲無君。彼固無君也。有君則其無政府平等之觀念絕。消極自治之旨掃地矣。〔若孟子斥其拔一毛不利天下。斯固楊子所不屑答者。明識其爲戲言。烏足據以爲辨明〕。惟孔學異是。以君主爲主觀。以箇人爲主觀之主觀。執權者。迺其兩主觀惟一之目的。而不敢等閑以視之。故達則事兼善天下。窮則獨善其身。天下事小而窮達事大也。不在其位。不謀其政。政輕而祿位事重也。又君子疾沒世而名不稱。是認自有其身。雖於沒世而猶冀顯其名。視人生未來種種之問題。咸莫急於此。是私橫耶否耶。其害於世道人心。豈曰淺鮮。

一**奴隸的**爲仁學說。仁美德也。老子三寶。慈居其首。墨子治法。深惡不仁。(法儀篇曰。然則奚以爲治法而可。皆當法父母。奚若天下之爲父毋者衆而仁者寡。若皆法父母。此法不仁者也。不仁不可以爲法云云。按此迺仁之至者。烏得爲無父哉。父有仁者必取法於父矣。有不仁者所以不可皆法之云爾。且既曰法仁。焉有先自絕於父哉。此難通也。而孟子持此譏之爲無父。

其誣人亦甚矣。）　莊子亦曰。至仁尙矣。孝不足以言之。盛哉吾國之言仁也。其至矣乎。惟於孔門言仁則不能無疑。其稱顏子三月不違仁也。蓋奬其有造於己。未見其有造於人。是仁起於一己之微。非起於天下之大也。其稱夷齊之求仁而得仁也。蓋頌其死於人臣之節。不謂其有背天討之義。是仁在於溺愛之私。不在於是非之公也。論語一書。多半言仁。其卷首第二章。迺言孝第爲仁之本。其根本觀念。蓋在防人犯上作亂。欲使天下爲忠臣孝子以享其爲仁之幸福。其用心亦云深且至哉。然犯上作亂。而有仁者多矣。湯武是也。不孝不弟而有仁者亦不少焉。周公旦是也。（周公旦誅管蔡。對於父爲不孝。對於兄弟爲不弟。惟就當時事勢而論之。周旣取殷。固宜速定其亂尙足以安百姓也。故亦曰有仁）　若由其說而言之。湯武也。周公旦也。皆應爲不仁之甚。背上逆親。忠孝兩失。豈尙有仁之可稱歟。而彼則盛稱之。不言其爲犯上作亂與不孝弟也。是仁與不仁。乃由其成功失敗而後爲之定論。則所謂仁者未必仁。不仁者未必不仁矣。奴隸之根。蓋起於是。且孝弟者人生自然之良能也。於仁乎何有。天下豈有以孝親弟長。「為仁於其父兄耶。雖或有以不孝不弟為不仁於其父兄。然既謂不仁於其父兄也。則尚有可施仁之處也明甚。故孝弟也者。子弟之職也。子弟職外有不為子弟而亦有大道可言者。則子弟之道不足以為大道也。又明甚。吾且假以定義曰。謂之為人道之一也則可。謂之為人道之本也則狹矣。知此則知所謂仁者。仁於人也。有功於人類之美德也。不繫於親戚之間。不屬於上下之節。由公而起。非由私而生。(以公能成私。私無公故)孔門渾言公私。且由私以推於公。君臣也。下上也。父子兄弟夫婦也。節節牽制之。而不能獨立於仁之大體。是所以為奴隸之仁。而不足以言仁也。吾甚不願今之人。皆溺於若此之仁而不顧其大。

一冒昧的性命解識。使數千年來思想迂謬鬱結而不可解者。性命之說也。周易繫辭始言性曰。「一陰一陽之謂道。繼之者善也。成之者性也。是性在於繼善之後。說卦傳兼言性命曰。「窮理盡性。以至於命。將以順性命之理」。

是性在於命前。而由窮理以盡之。未識繼善即命歟。抑命在於繼善之前歟。且窮理所盡之性。與成性之性一耶二耶。抑二而一耶。未能的解其義。此其冒昧者一。中庸天命謂性。是爲性與命合一之證。與盡性至命及順性命諸說互相左。而論語曰「性相近也。習相遠也。」近之爲言。似非有純粹至善之性。又與命顯然爲二。彼固罕言性命者。何從以得其眞。此其冒昧者二。孟子道性善曰。迺若其情則可以爲善。」是由最初之情。以言性之體。荀子說性惡曰。性不可學不可事。是由最後之情。以言性之用。二說也皆自標其義曰吾紹孔子。吾得孔子之眞傳也。體用不一。無從明其定義。此其冒昧者三。自是歷代紹述之者迺益支。董仲舒曰「天有陰陽故人之性有貪仁。」是言性有善惡。劉向曰「人之善惡非性也。感於物而後動。」是言性無善惡。類楊雄所謂養其善因則其人善。養其惡因則其人惡之說。然雄固認性有善惡二因焉。其善不善有因與無因。均無確切證明。惟王充以自然之氣。貫徹性命之理。以謂性與命也。皆禀於氣之厚薄。專指命字爲生死之命。未嘗從天命謂性之說。是固生死有命之緒餘也。乃足見深言性命者。猶未解孔門命字眞義。此其冒昧者四。唐之韓愈及其弟子李復。或以性爲上中下三等。或以情根於性。認情爲性之動者。終歸於寂然不動。由是漸趨於孔佛調和之域、大失孔學性命之旨。至宋理學興。復研深其義。至於不可究極。程顥曰「生之謂性。性即氣。氣即性。」是原於周易而附之以氣。程頤曰「性即理也。氣有清濁。稟於清者爲賢。稟於濁者爲愚」是紹其兄顥之說。而認理氣爲二元。異於其兄。及至朱熹。則復雜以濂溪太極之說。以求程頤理氣之似。以謂太極即理。爲形而上的生萬物之原也。氣即形而下的萬物被生成。於理之一致也。復有受木氣重者、多惻隱之心。受金氣重者。多羞惡之心云云、是又從康節以五行司配萬物之論。牽引於理氣之間。果如是則惻隱羞惡。其必若木石。迺可謂復其本而明其初也。且氣何以爲形而下者。雖程頤未嘗言也。理氣之又非程顥言氣之旨。愈傳愈異。何從融會其說。遽稱程朱爲前後繼述歟。此其冒昧者五。若夫陸王之說。一則闢理氣之論。專指氣質有厚薄強弱之分。一則持良知之義。即認良知爲理氣惟一之能。雖各有所異。其主張性善也則一。嗚呼試述其言性命之略史。雖腦筋素強。不爲衆說所搖亂。其聞此而不暈眩其耳目者。鮮有之矣。然總論其冒昧之點。不過善惡二方面而已。執中者雖不言善惡。而止言性命。其誤與言善惡者相等。何也。徵之實際。曷嘗有性命之可言哉。考人之所以爲人也。亦熱血向上之一動物耳。其未生也。爲母腹中之一附屬物。烏見有所謂性與命。且有所謂性之善惡乎。及既生也。呱呱而泣。蠕然而動。身體四支以運動而有感覺。腦筋心室以呼息而有知識。（神經作用）五臟六腑。以消長而有嗜欲。約言之皆由於血統之關係作用。發現人身種種之生活。又烏有所謂性命之所自來耶。其在洪荒時代。則人類無廉無恥。爲弄玩情欲之一怪物。又安能以其野蠻舉動。爲人之性與人之命也。至優勝勢敗之勢暗熾。人中之巨擘者。廼思自我作法。以冀大其欲望。或據其肉眼。以假定象數。逐人於範圍之內。或由其野心以假定制度。弄人於規矩之中。於是不得不援性善之說。以爲其根據。且不得不倡天命之說。以爲其手段。唐虞三代之世。人治猶未備。故簡編所言。止假天命以爲迷信。未嘗道及性字也。至周末已具其大體。而荀子確認禮法爲拘人之具。故言性惡。以見人愈不可不守禮法。以入於善途。故荀子實濟孟子性善說之窮。不得不謂有功於孟子也。豈有異同之可言哉。後儒不識其大意所在。聚訟數千年。至今猶不能解決其問題。是亦魯諸生之議於秦庭也。始皇聚而坑之。亦快矣哉。可憐今之老儒。其未識已悟及否。

一**迷信的宗敎餘孽**。日本井上哲博士「支那道德之欠點」篇中。標一節曰。宗敎形式之弊。以謂孔孟得擅專制之勢力。爲儒敎一大宗敎之形式。遠不及埃及蘇格拉底之敎。出其門者。咸得自見其說。以增思想之進步。竊按其說。猶是浮衍其義。而未得孔學之眞面目也。夫擅專制之勢力者。豈皆後人予之哉。抑彼實承上古宗敎之餘孽。明知其非。而固言其是。假借夫迷信之魔力。以求擴充其範圍也。如謂不然。有其說存。其說曰「鬼神之爲德。其盛矣乎。」是認鬼神之爲生存。而一切禱祀之典。爲當然也。「河不出圖。洛不出書。吾已矣夫。」是認災祥之爲定數。而一切象數之說爲確切也。獲罪於天無所禱也。是以天人相與之可憑信。而一切禍福之言爲不可疑也。餘如言畏天命畏大人畏聖人之言者。是人無自由之可行。無在而非敬畏。言知禘之說。治天天如治掌上也。是天下無公理之可明。無在而非迷信。類如此者。止謂之爲宗教之形式可乎。如在其上。如在其左右者。其誠信之狀態。果不虛也。哭於魯麟。爲春秋絕筆。其自負之明確。又可信也。後之人篤守其教。烏得不崇禮之。而甘居其專制之下。然彼又言曰「丘之禱久矣。」其意蓋直以禱之不足恃。孟子亦以天時遜於地利人和。然後知彼等未嘗不知其非。不過利用之以大其說而已矣。儒者不得其解。則百方爲之曲辨。朱熹解遊魂爲變云。「變是漸漸散。若是妖孽者多不得其死。其氣未散。故鬱結而成妖孽。」是認妖爲有而鬼爲無矣。豈孔子所頌之鬼神皆妖孽歟。是却一解也。然而聞者鮮有不斥爲戲談矣。如欲鄭重其說。則請去其餘能以歸於清潔。予之望也。抑學界前途之進益也。

此外所欲言者猶夥。因余抱疾。不遑多及矣。例如男女不平等也。有如男尊女卑之說。言論不自由也。有如攻乎異端之論。喪制之非。已如墨子之所言。崇古之謬。又如韓非子之所云。總匯其說而精研之。其適用於今時者。殆寥寥無足取法。此豈吹毛求疵過責古人哉。抑對於腐迂老儒及後進志趨未定者。不得不辨明其本匡正其末也。嗚呼。前此所言。僅研求國學之方針耳。今有件於國學。亦不得正當之解決。爲國內通行之大患者。國文是也。夫國學非孔子之流所能獨檀。屢明其故矣。又何論乎國文。然吾國通用之國文。久不出五經四子之籓籬。若遽以國學之故。一令其改弦更張。別立新體以爲之標準。則鮮有不掩耳而逃。以避其難者。然不知天下之難。莫難於四子五經。蓋四子書中多談性命。讀者罕能解其意義。雖白首窮經之士。莫能有定說也。五經中如詩謂性情。易示玄象。春秋僅在一二字之間。其誦讀之難。不在四子下。今學校以有限歲月。仍授以最難讀之四子五經。不惟迫於時間不能終讀。抑亦徒費有用精神。何能有效果之可獲哉。然予思處今過渡時代。勢難背一般之心理。遽將四書五經。置諸高閣。斟酌損益而調和之。計惟有分別種類以遽減之。爲得乎理勢之宜。今自一般普通學校而論。初等小學兒童年齡。屬在幼稚。授以淺近知識。猶恐傷其體育。況夫高遠之理論乎。止用教科之籍。誘之使學足矣。四子五經。皆在不讀之例。其在高等小學之時。兒童之身體既健。學文其時也。則授以尚書。使知國文之源。授以孟子。〔但須訂正〕使知國文之流。授以左傳。使知國文之用。兼使多識前言往行。僅此已足。多則恐誤其普通學課也。中等學校。生徒之學識雖漸進而研求科學之關鍵。則惟在於此時。例讀詩經及大學。令其旁及詩歌。調養其身心斯可矣。至於高等學校。則爲入高等專門學科之豫備。其時間之可珍。不如他校。無庸增以四書五經之課。使知國學國文之組織。求其自達其志意而已。不遑多求也。餘此各經書。若易若春秋若禮記若論語中庸等。可別立專門國學校。以爲一門研究。不必盡人皆讀之。如村學究之教法也。果如一律而行。於今時通行之國文相宜。於國學之前途無礎。而國學復興之望。從此且大有起機。予嘗見國內各校。教授國文者。胥任教師之意。擇取一二經子。因陋就簡聊以塞責。其難律以均等之程度也。不問可知。是以與其雜亂如是。不如釐定正軌。以來目前之實益也。吁。予之實行主義。僅僅若是。予豈故意流於激烈哉。若夫學說之辨。蓋亦爲此。學說不正。雖此不樂爲者衆矣。余所以不先辨其學說。以爲起端。作者謹識

安邑紳士之貪鄙

安陽縣紳士張濬川李士選靳學詩謝梯月數人。皆貪得無厭之徒。以金錢爲目的。素與李令元禎者。狼狽爲奸。每逢年景不好時。彼等即假託賑捐之名。以行其騙錢之術。設陰謀。出譎計。邀請各家商店及富家於衙門之中。向衆言曰。凶年民不聊生。賑民善事。均當出金。若捐至二十兩者。即爲從九品。若捐至四十兩者。即爲監生。若捐至數百金者。即保舉爲佐吏。於是各家商店畏其勢燄。不敢違其令。富豪之家。受其欺詐。於是墮其術。有出至數十金者。有出至數百金者不等。統計每回所收。不下數千金。有此數千金。則貧民慶更生。爲何如。誰知彼張李靳謝等。居心奇險。謀思侵呑得數千金之多。則曰二三百兩。其餘者。皆與李令通同作弊。暗歸私囊。如此惡紳民賊。適爲安邑公敵。若不早爲防之。恐異日墮其術被其毒者無窮也。

安邑有差役頭趙天貴者。因葬其母。即請張濬川李士選靳學詩謝梯月等。以行家祭禮。而張李靳謝數人。不顧廉恥。遂受其多金。並喜其嘉殽旨酒。以作差役頭趙某之牛馬。即此一事。則其餘劣跡可知也。

東亞月報廣告

本報爲日本獨一無二之漢字雜誌其宗旨之廣大議論之精純卓乎流俗之上又兼博採列國輿情遠溯古朝歷史以振瞶啓聾洵東方之木鐸哉我華韓諸先輩苟欲通知當世之大勢眷念人道之不滅有仔肩振作東亞大局者誠不可不人手一册以資研究之料也

全年十二册定價日金二圓四十錢

半年六册定價日金一圓三十錢

日本東京牛込區中町二十番地

東亞月報編輯局謹啓

晉乘廣告

本社六大主義一發揚國粹二融化文明三提倡自治四奬勵實業五收復路鑛六經營蒙盟議論精實深邃適非浮夸皮傳者所能企及其中研究國語闡釋古學者諸篇尤爲空前絕後之作文藝一欄更能滌舊革新獨樹一幟咸有裨益社會之文不類無關時世之作誠文明時代無雙之饒將雜誌世界唯一之霸王也第一二號出版後大受社會歡迎三號現已付梓不日出書識時之傑有志之士曷一覽焉如欲訂購者祈逕函達本社或向雲南四川河南夏聲諸雜誌社訂閱皆可

每册一角四分半年六册七角全年十二册一元二角

日本東京神田區仲猿樂町五番地

晉乘雜誌社

國報第一出板

本報以指導國民獨立提倡地方自治爲主義數年來吾國所聚訟之政見一旦爲根本之解決如土委地眞國民之箴言寶訓而救亡之金科玉律也神洲無直言久矣放便嬖之淫辭造公正之輿論其在斯乎文辭法理質文彬彬現代吾國政治界唯一之大雜誌也憂時之士其亦先睹爲快乎二號付梓不日出版如欲訂購者祈逕函達本社或向雲南四川河南晉乘夏聲各雜誌社及各支部訂購皆可

全年十二册二元　半年六册一元一角　零售一册二角

日本東京神田區中猿樂區五番地

國報社啓

國報第一號目次

關隴雜誌廣告

（第三期已出）

關隴爲西北鎖鑰。天然占優勝之形勢。其存亡得喪。在歷史上地理上。罔不與神州全局有絕大之關係。況自俄人受挫遼陽後。廻風西轉。撼我崑崙。西北急警日緊。日本社同人。旣切桑梓之危。復深祖國之痛。爰自忘其愚。矢移山志。組織斯報。專以提倡愛國精神。濬瀹普通智識。爲宗旨。其於强俄在西蒙回疆之舉動。及關隴與吾國全局關係之點。尤特別注意。發揮靡遺。凡留心西北情勢者。幸垂覽焉。

日本東京麴町區飯田町五ノ三六

關隴雜誌社啓

四川雜誌各代派處

成都四川雜誌社支部　四川省城學道街志古堂轉邵明叔
重慶本社支部　四川省重慶城督郵街廣益書局
嘉定寶善書局　四川省嘉定府城內土橋街
榮縣閱報社　四川省榮縣城內西街洪春店丁厚扶
大竹書報社　四川省大竹縣城南門內
康子猷君　四川省會理州城內
陶懋辛君　四川省夔州府公立中學堂
光裕公號　四川省資州城新正街
吳恩洪君　四川省忠州東門外泰興正號
叙府劉春和　四川省叙府大南門外
永順堂號　四川省綏定府河街
美興公號　四川省打箭爐
何成瑜君　四川省甯遠府昌西官小學堂
周代本君　四川省廣安州學務局
黃石書君　四川省永川中學堂
洪芝生君　四川省合江縣城外上街洪森盛

四川雜誌廣告

登岷峩之巔 以矚中國西南半壁 六詔危兩藏急 蜀之形勢險殆極矣 而地屬邊陲 民智錮蔽 釜魚幕燕 其樂方酣 本社同志 惄焉傷之 爰組織斯報 以餉邦人 其主義在輸入世界文明 研究地方自治 經營藏衛領土 開拓路礦利源 就此等問題 切實發揮 和平鼓吹 使我蜀國同胞 起作神州砥柱 噫 秋色蒼茫 海天萬里 云誰之思 西方美人 我七十萬伯叔兄弟諸姑姊妹 其亦將聞風而起乎 全年十二册 零售每册貳角 訂半年者一元一角 全年二元 郵費另加

日本東京麴町土手三番町七番地

四川雜誌社啓

江西雜誌廣告

莊周有言。泉涸則魚相喣以沫。而相忘於江湖。故鳥之將死其鳴哀。心所謂危必以告

本社同人。慨故鄉之不競。傷來日之大難。願同長吉之嘔心肝。不避孫卿之譏口耳。刺取所學。組一襍誌。顏曰江西。專以導引文明。濬發民智。鼓吹地方自治。圖謀社會公益

嗟夫、歐風東捲。國步艱危。江西處揚子江流域。潮流震盪。日益劇烈。而日本朝報聲言欲括諸州權利。南潯軌線。延緩徒勞。數載工程。渺渺章門。沉沉黑獄。廬山黯其無色。贛水咽而失聲。於人曰浩然。安得文山之氣。問天其何意。太息若士之詞。言之不文。惟以告哀邦人諸友。其或有取於斯

江西雜誌社啓

武學雜誌

我國重文輕武之風。沿爲痼習。苶然疲役。不知所歸。舉國上下。矜尚文弱。久不研究武學。且鄙棄軍人爲不足道。至今列强交迫日甚一日。非賴鐵血。終爲淪亡。黑奴紅夷滅種不遠。波蘭印度刼火猶新。前車可鑒。萬難幸免。玆得軍界留學諸君集合同志。組織一武學編譯社。編纂軍事各種新書之外。月出武學報一册。譯著精確。議論嶄新。振愛國尚武之精神。洵起死回生之丹汞。願我帝國男子。人手一册。而性命之。則我中國之興强也。如湧海之旭日。

總發行所 北京前門外虎坊橋 北洋陸軍圖書編譯局

通信處 日本東京麴町區元平川町五番地 武學社